Kreuzkümmel

Apfel

Basiliku

Erdnuss

Tomaten

Erbsen

Blaubeere

Paprika

Paprikapulver

Minze

Champignon

Gurke

Knoblauch

Kartoffel

Nudeln

Wassermelone

Dill

Schnittlauch

Salz

Birne

Kohlrabi

Für Lasse, Luk, Tjelle & Bo.

Dieses Buch gehört:

_____

Claudia Schaumann

POLLY UND PELLE IN DER KÜCHE

Wir kochen und essen uns durchs ganze Jahr

www.wasfuermich.de

DER KOCHCLUB

Schon verrückt, dass etwas, was mit ein paar langweiligen Schrumpel-Möhren begann, eine der coolsten Sachen überhaupt wurde. Aber von Anfang an: Ich heiße Pelle und Polly ist meine beste Freundin. Sie wohnt bloß ein paar hundert Meter die Dorfstraße hinunter und wann immer es passt, kommt sie auf ihrem weißen Pony Snow zu uns rübergeritten. Manchmal darf sie auch bei mir übernachten, in den Ferien sogar manchmal gleich zwei oder drei Nächte hintereinander (dann aber ohne Pony). Am liebsten sind Polly und ich draußen, spielen Verstecken oder bauen ein Baumhaus. Letztes Jahr, kurz nach Silvester, hat es so viele Tage hintereinander geregnet, dass wir nicht draußen sein konnten. Wir hatten bereits gemalt, gebaut und alle Spiele gespielt, die wir haben. Wir ärgerten uns, dass der Regen kein Schnee war und lagen irgendwann bloß noch auf meinem Bett herum und sahen zu, wie die trägen Januar-Regentropfen an die Kinderzimmerfensterscheibe platschten.

Als wir es nicht mehr aushielten, gingen wir zu Mama und schauten ihr und den Regentropfen an der Küchenfensterscheibe zu. Als wir zum ungefähr zehnten Mal laut stöhnten, fragte Mama, was mit uns los sei.

„Uns ist soooo langweilig!", meinte ich. Aber Mama meinte bloß: „Das ist ja wunderbar!" Erwachsene sind doch wirklich manchmal sehr komisch. Als wir fragten, was daran bitte gut sein solle, lächelte Mama. „Weil daraus immer die allerbesten Ideen entstehen..." Ich ahnte plötzlich Furchtbares. Sicher schlug Mama gleich vor, dass wir die Fenster putzen sollen. Oder noch schlimmer, das Kinderzimmer aufzuräumen. Aber sie holte unseren großen, schwarzen Kochtopf aus dem Schrank, stellte ihn schwungvoll auf unsere hölzerne Arbeitsplatte und meinte: „Wie wärs, wenn ihr heute das Abendbrot kocht?"

Polly und ich sahen uns überrascht an. „Aber das können wir doch gar nicht..!", meinte Polly. „Na klar könnt ihr das!", sagte Mama. Und das war wirklich mal ein guter Einfall von ihr, denn in genau diesem Moment gründeten Polly und ich unseren Kochclub. Wir mussten gar nichts sagen. Wir sahen uns nur an und es war klar. Bloß den Namen dachten wir uns erst ein paar Tage später aus. Mama warf uns beiden eine Schürze zu und Polly lächelte mich an und ich lächelte Polly an und beinahe hatte ich das Gefühl, als würde der Regen an der Scheibe Beifall klatschen.

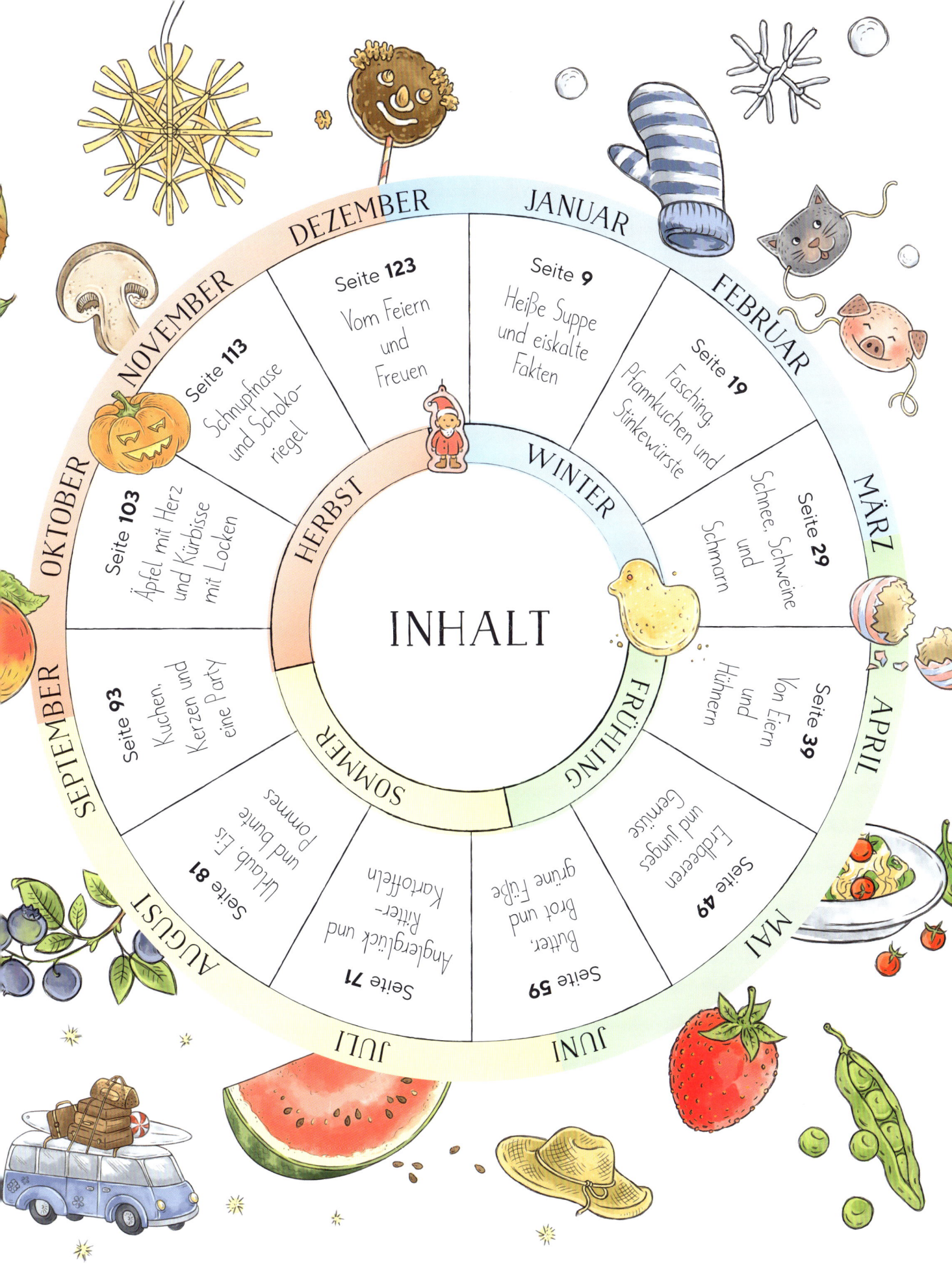

INHALT

WINTER

DEZEMBER — Seite **123** — Vom Feiern und Freuen

JANUAR — Seite **9** — Heiße Suppe und eiskalte Fakten

FEBRUAR — Seite **19** — Fasching, Pfannkuchen und Stinkewürste

MÄRZ — Seite **29** — Schnee, Schweine und Schmarn

FRÜHLING

APRIL — Seite **39** — Von Eiern und Hühnern

MAI — Seite **49** — Erdbeeren und junges Gemüse

JUNI — Seite **59** — Butter, Brot und grüne Füße

SOMMER

JULI — Seite **71** — Anglerglück und Ritter-Kartoffeln

AUGUST — Seite **81** — Urlaub, Eis und bunte Pommes

SEPTEMBER — Seite **93** — Kuchen, Kerzen und eine Party

HERBST

OKTOBER — Seite **103** — Äpfel mit Herz und Kürbisse mit Locken

NOVEMBER — Seite **113** — Schnupfnase und Schoko-riegel

REZEPTE

Januar

Quer-durch-den-Garten-Suppe 10
„Tella"-Pudding 13

Februar

Papas geheime Pfannkuchen 21
Zitronen-Basilikum-Limonade 25
Pizzagesichter 26
Gurkensushi 26

März

Vegetarische Leberwurst 31
Erbsen-Schinken-Nudeln 32
Kinderpunsch 34
Onkel Jos Kaiserschmarrn 34
Oma Wilmas Hackbraten 36

April

Zitronenplätzchen 42
Nudel-Ei-Nester 42
Spitzenmäßige Spinatnudeln 44
Buchen-Butterbrot 47

Mai

Schnelles Erdbeereis 52
Pfannkuchen-Torte 52
Gemüsestäbchen 55
Spaghettieismuffins 56

Juni

Bunter Salat (mit Superdressing) 63
Kinderleichte Quarkbrötchen 64
Strand-und-Schwimmbad-Brote 66
Colddog 66
Schnittlauchbrot mit Butter 67
Radieschen mit Mütze 69

Juli

Brokkoli-Käse-Auflauf 75
Frische Fische-Pfanne 76
Gurkensalat 76
Ritter-Kartoffeln 78
Kartoffelchips 79

August

Birnen-Tarte 85
Bunte Pommes mit Mayo 86
Schüttel-Eis 88
Eis-Banane 88
Müslikugeln 89
Fruchtspieße 90
Frittaten-Suppe 90
Eisige Blaubeerbonbons 91
Blaubeersirup 91

September

Geburtstagskuchen 96
Miniburger 98

Oktober

Knusprige Spinnen 106
Apfelgebisse 106
Mandarinen Kürbisse 106
Linden-Schokoladenblätter 108
Laugen(trick)-Brötchen 109
Apfelkuchen zum Löffeln 110
Chicken Nuggets 110

November

Hühnerklößchensuppe 116
Knusperstangen 117
Selbstgemachte Kinderknusperriegel 118
Geschnetzeltes 120

Dezember

Lebkuchenleute 127
Fladenbrotpizza 128
Apfel-Karamell-Nachos 128
Porridge vom Blech 130

Kochclubfest

Köttbullar 136
Kartoffelbrei 138
Möhrensalat 138
Orangerol 139

JANUAR

Manchmal würde ich mich am liebsten unter der Decke verkriechen
und Winterschlaf machen, wie viele Tiere. Weil das aber irre langweilig wäre,
machen Polly und ich es uns in der Küche gemütlich.

DAS WIRD KÖSTLICH!

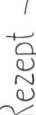

D ann war ich traurig. Weil ich kurz dachte, dass aus unserem Kochclub doch nichts wird. Weil im Kühlschrank nämlich bloß ein schlaffes Bund Suppengemüse und ein paar Möhren lagen. Traurig, weil ja verschieben immer doof ist, wenn man gerade mal eine gute Idee hat. Ich zog eine Flunsch, aber Mama meinte: „Das wird köstlich." Ich schaute traurig das traurige Gemüse an – aber bevor ich weiter flunschen konnte, schickte mich Mama in den Hauswirtschaftsraum, um zu schauen, ob wir vielleicht noch ein paar Kartoffeln hätten. Hatten wir. Mama meinte, das wird ein Festessen. Und dann ging's los…

Rezept

Quer-durch-den-Garten-Suppe

Ich hatte immer gedacht, dass ich gekochte Möhren nicht mag. Aber wenn man sie schön lange kocht und dann auch noch püriert, schmecken sie wirklich richtig gut. Die Suppe heißt „Quer-durch-den-Garten-Suppe", weil man alles an Gemüse hineinschmeißen kann, was man so findet. Leider war Januar - und in unserem Garten gemüsemäßig gar nichts los. Ich habe kurz überlegt, ob die Suppe deshalb nicht lieber „Quer-durch-den-Kühlschrank" heißen sollte, aber Polly meinte, das würde sich nicht schön anhören. Und wenn, müsste sie ja wohl eher „Quer-durch-die-Gefriertruhe" heißen. Du darfst sie aber natürlich so nennen, wie du möchtest.

Für 4 Personen brauchst du:

- 1 Bund Suppengrün (oder was an Gemüse noch so im Kühlschrank rumliegt)
- 2 Liter Wasser
- 100 Gramm Erbsen
- 3 große Karotten
- 1 Lorbeerblatt
- 800 Gramm Kartoffeln (das sind ungefähr 6 – 8 mittelgroße)
- 2 Stängel Petersilie
- ½ Becher Sahne (kann man zur Not weglassen)
- Salz und Pfeffer
- Wer mag: 1 Glas Würstchen (eventuell vegetarisch)

Und so geht's: Schäle das Suppengemüse und würfele alles klein. (Das macht so Spaß!) Wirf es zu dem Wasser und einem Teelöffel Salz in einen Topf, bringe es zum Kochen und koche es etwa zwanzig Minuten. Schäle die Kartoffeln und restlichen Karotten und schneide alles in kleine Stücke. Püriere das gekochte Suppengemüse im Topf mit dem Pürierstab. (Das macht noch mehr Spaß!) Gib die Kartoffel- und Möhrenstücke, das Lorbeerblatt und die Erbsen zur Suppe und lasse alles noch einmal etwa 20 Minuten kochen. Fische das Lorbeerblatt vorsichtig mit einem Esslöffel heraus. Am Ende gießt du die Sahne dazu und würzt mit drei Prisen Salz und ein paar Umdrehungen Pfeffer aus der Mühle. Schneide die Petersilie klein und gib sie ganz zum Schluss über die Suppe. Wenn du magst, servierst du deine Suppe mit Würstchen.

Tipp: Mit das Allerbeste am Kochen, außer umrühren und probieren, ist schnippeln, finden Polly und ich. Mama ist zum Glück ziemlich entspannt und gibt uns sogar ihre scharfen Messer. Wir müssen uns aber ordentlich hinsetzen und dürfen dabei nicht rumkaspern. Sie hat uns genau gezeigt, wie wir es machen müssen. Falls eure Mutter mehr Messerangst hat, wünscht euch doch zum Geburtstag ein Kindermesser – die sind vorne rund, aber dennoch scharf. Polly und ich schnippeln so gern. Wir streiten öfter mal, weil jeder am meisten schnippeln will. Bei dieser Suppe gibt's zum Glück so viel zum Schneiden, dass wir hinterher beide Muskelkater in den Fingern haben.

Bastelidee

KRÄUTERBUCH

MIT EINEM EIGENEN KRÄUTERBUCH KRIEGST DU ZAUBERKRAFT

Übrigens mag nach einem Jahr Kochclub sogar mein kleinerer Bruder Petersilie und andere Kräuter, dabei hat er vorher immer alles kleine Grüne aus seinem Essen herausgepult. Mama hat nämlich vor dem Küchenfenster mit uns einen kleinen Kräutergarten angelegt. Und dann haben wir jeden Monat einen Kräuterzweig gepresst und anschließend in ein Buch geklebt. Mama hat uns immer noch etwas Spannendes dazu erzählt. Inzwischen haben wir unser eigenes kleines Kräuterbuch. Und weil Kräuter ganz schön oft beinahe zaubern können, fühlt es sich fast an wie ein eigenes Hexenbuch.

Wissen

AM 25. JANUAR IST VOGELHOCHZEIT

Kennst du das Lied von der Vogelhochzeit? Ganz bestimmt, oder? Vielleicht wusstest du aber, wie wir, bislang noch nicht, dass in einigen Gegenden Deutschlands an diesem Tag das Fest der Vogelhochzeit gefeiert wird.

Die Kinder bekommen an diesem Tag Süßigkeiten in Vogelform und Teigvögel mit Zuckerguss. Man sagt, dass die Gaben von den Vögeln stammen, die sich für die Winterfütterung der Menschen bedanken. Es macht einfach Spaß, sich in der Mitte des Winters etwas Gutes zu tun. Vielleicht lädst du deine Freunde auch mal zu einem kleinen Vogelhochzeitsfest ein. Ihr könntet dafür Kekse in Vogelform nach dem Rezept auf Seite 42 backen.

Wissen

GEHEIMES WISSEN PETERSILIE

Die hübschen grünen Petersilienlocken schneiden Polly und ich mit Mamas Küchenschere vom Stiel. Das fühlt sich fast so an, als wären wir ein Friseur. Die alten Griechen banden sogar Kränze aus Petersilie und überreichten sie nach Wettkämpfen den Gewinnern. Übrigens enthält Petersilie mehr Vitamin C als Zitronen! Allerdings verschwindet das schnell, wenn man sie kocht. Gib die abgeschnippelten Petersilienlocken also am besten immer erst ganz zum Schluss zur Suppe. Und nasch doch wie wir mal an der Petersilie auf dem Balkon oder im Garten. Petersilie passt zum Beispiel auch zu Kartoffeln, ins Salatdressing und auf Spiegelei.

Als Nachtisch gab es: Tella-Pudding. Der heißt so, weil mein kleiner Bruder unsere Nuss-Nougat-Creme immer so nennt. Für den Pudding hatten wir auch alles zuhause und er schmeckt uns sogar noch ein bisschen besser als die Suppe.

Rezept

„Tella"-Pudding

Für 4 Personen brauchst du:

- 1 Liter Milch
- 150 Gramm Nuss-Nougat-Creme
- 2 Päckchen Vanille-Puddingpulver
- 2 Esslöffel Zucker

Und so geht's: Gieße einen Liter Milch in einen Topf und stelle die Herdplatte an. Lass die Milch beim Erhitzen nicht aus den Augen, weil Milch schnell überkocht. Schöpfe vier Esslöffel Milch in eine Schüssel und rühre Puddingpulver und Zucker unter.

Wenn die Milch anfängt zu blubbern, rührst du den Milch-Puddingpulver-Mix dazu, schiebst den Topf vorsichtig von der Herdplatte (Achtung, heiß!) und rührst,

bis die Masse etwas dicker wird. Schiebe den Topf wieder auf die heiße Herdplatte und lasse den Pudding noch einmal kurz unter Rühren aufkochen. Nimm den Topf vom Herd, mache ihn aus. Rühre in den warmen Pudding die Nuss-Nougat-Creme, bis sich alles vollständig vermischt hat. Mmmh!

Die Suppe war Mamas Idee, der Pudding unsere. Könnt ihr euch vielleicht denken, oder? Komischerweise gab es dieses Mal gar keine langen Diskussionen, obwohl bei uns Nuss-Nougat-Creme normalerweise bloß am Wochenende erlaubt ist. Der Tag war aber ein stinknormaler Dienstag. Ich hatte schon Hoffnung und dachte, Mama würde die Nuss-Nougat-Creme-Regel vielleicht aufheben, aber als ich fragte, schob Mama ihre Augenbrauen in Richtung Zimmerdecke und schüttelte kräftig den Kopf. „Auf keinen Fall! Das gibt's heute bloß ausnahmsweise. Weil Polly da ist und weil Winterferien sind und weil es regnet und ihr einen Kochclub gegründet habt." Ich zog die Augenbrauen zusammen. „Das ist gemein!", maulte ich. „Das ist gar nicht gemein!", flüsterte Mama. „Das ist Liebe!" Ich schüttelte entrüstet meine blonden Locken: „Ach komm Mama", meinte ich, „wenn du uns so richtig lieb hättest, würdest du uns doch täglich Nuss-Nougat-Creme und Schoki und Kekse essen lassen, oder?" Darüber hatte ich tatsächlich schon öfter mal nachgedacht.

Meine Mutter legte je einen Arm um Polly und einen um mich. Dann schaute sie prüfend einmal zur köchelnden Suppe auf dem Herd und meinte dann: „Passt mal auf, während der Pudding kalt und die Suppe heiß werden, erzähle ich euch, warum man von manchen Dingen ganz viel und von anderen eher weniger essen sollte. Und warum wenig Schokolade mit ganz viel Liebhaben zu tun hat. Habt ihr Lust?" Polly und ich nickten und Mama kramte in der Kommode nach einem Blatt Papier und einem Stift. Dann malte sie das:

FITMACHER-TELLER

Wissen

GUCK MAL, HIER KOMMT EIN FITMACHER- UND EIN SCHLAPP- MACHER-TELLER

Ganz viel essen solltest du: Gemüse und Obst. Am besten drei Portionen Gemüse am Tag und zwei Portionen Obst. (Mit Portion ist übrigens immer deine Hand voll gemeint. Die Portion wächst nämlich mit dir mit). Von Getreideprodukten wie Nudeln, Reis, Brot sowie Kartoffeln solltest du täglich vier Portionen essen. Dazu drei Portionen Milch oder Milchprodukte und ab und zu eine Por-

tion Fleisch oder Fisch (insgesamt etwa drei in der Woche). Fette und Öle werden nicht mit der Hand, sondern mit einem Esslöffel gemessen. Mehr als zwei Esslöffel pro Tag sollten es davon nicht sein. Täglich ist außerdem eine Portion Extras erlaubt (Süßigkeiten oder fettige Snacks). Außerdem solltest du daran denken, täglich sechs Gläser Wasser zu trinken. Das sorgt dafür, dass dein Blut fließen kann und dass wichtige Nährstoffe zu deinen Organen transportiert werden.

Achtung: Oft versteckt sich Zucker in Dingen, in denen du es gar nicht erwartest: Im Fertig-Müsli zum Beispiel, in vielen Fruchtjoghurts, Säften oder im Ketchup. Diese Sachen musst du eigentlich als Extras zählen. Eine gute Idee ist es daher zum Beispiel, sein Müsli aus Haferflocken und Nüssen selbst zu machen und statt fertigen Frucht-joghurts Naturjoghurt mit frischen Früchten (und vielleicht ein wenig Honig) zu essen. So kannst du dir deine Naschportion nämlich fürs echte Naschen aufsparen.

Gesund essen hält uns also fit. Aber stress dich bitte nicht damit, das ist für deinen Körper überhaupt nicht gesund. Ab und zu ist es nämlich auch mal erlaubt, mehr Süßes oder Fettiges zu essen oder mal eine Limonade zu trinken.

SCHLAPPMACHER-TELLER

Pollys und meinen Kochclub gibt es jetzt seit genau einem Jahr. Mal kochen wir gesunde Sachen und mal Ausnahmsweise-Sachen, aber Spaß haben wir immer. Und weil wir in der Zeit auch noch ganz viel gespielt, gebastelt, gelernt und gelacht haben, habe ich euch hier alles aufgeschrieben, was wir in diesem einen Jahr gemacht haben. Für euch – und für uns. Wir haben nämlich nach dem Jahr gleich wieder von vorne angefangen, uns durchs Jahr zu kochen und zu essen.

Bevor es so richtig losgeht, eins noch, weil es da am Anfang ein paar Mal einen Riesenkrach bei uns gab. Denke dran: Wer kocht, räumt auch auf. Eigentlich logisch, weil wirklich niemand in seine Küche kommen und erstmal den Dreck von anderen wegmachen möchte. Wenn Polly und ich also etwas gebrutzelt oder gebacken haben, räumen wir unseren Kram danach schnell wieder weg, wischen die Küchenablage und fegen die Krümel auf. Macht zwar keinen Spaß, muss aber sein. Und sooo lange dauert es auch echt nicht. Zur Erinnerung, damit wir es nicht vergessen, hat Mama einen Button in die Küche gehängt (am Regal gleich über der Spüle!). Könnt ihr auch machen (einfach per Kopierer etwas vergrößern und ausdrucken). Eigentlich denken Polly und ich echt immer ans Wegräumen und Wischen, aber falls wir es aus-aus-ausnahmsweise mal vergessen, müssen Mama und Papa nur draufzeigen und wir denken wieder dran.

SCHNEEFLOCKEN AUS SALZ SELBER MACHEN

Normalerweise bringt Salz Eis zum Schmelzen, deshalb streut man es auf die Straßen, damit die Autos nicht ins Rutschen kommen. Wir machen mit Salz wunderschöne Schneeflocken – das braucht ein paar Tage Geduld – ist aber ein richtig spannendes Experiment. Und sieht toll aus.

DU BRAUCHST FÜR DREI FLOCKEN:
- 300 Milliliter Wasser
- etwa 250 Gramm Salz
- 3 große Marmeladengläser mit einer breiten Öffnung
- weiße Pfeifenputzer
- weißes Nähgarn

UND SO GEHT'S: Bring Wasser in einem Topf zum Kochen. Am besten mit einem Erwachsenen! Heißes Wasser ist echt gefährlich. Gib so viel Salz ins Wasser, bis sich an der Oberfläche Salzkristalle bilden. Lasse das Wasser abkühlen und fülle es danach in die Marmeladengläser. Jetzt kannst du aus Pfeifenputzern eine Schneeflocke formen. Schneide die Pfeifenputzer dafür jeweils in der Mitte durch und biege einen Teil um den anderen. Wickele noch einen weiteren halben darum herum. Knote ein Stück Nähgarn an deine Flocke und hänge sie daran in eins der Marmeladengläser. Stell die Gläser für bis zu drei Tage auf eine sonnige Fensterbank. An den Pfeifenputzern bilden sich in dieser Zeit kleine Kristalle.

Nimm deine Flocken danach heraus und lasse sie auf einem Handtuch trocknen. Jetzt kannst du sie aufhängen - vielleicht ins Fenster oder an einen Ast? Schau dir die hübschen, kleinen Salzkristalle doch auch mal durch eine Lupe an.

Spiel

SCHNEEBÄLLE UM DIE WETTE PUSTEN

Wenn es draußen mal wieder gar nicht schneien will, veranstalten Polly und ich drinnen statt einer Schneeballschlacht einen Pustewettbewerb. Wenn du das auch ausprobieren willst, brauchst du: einen Beutel Wattebälle, einen Trinkhalm pro Mitspieler und für jeden eine kleine Schale.

UND SO GEHT'S: Verteile die Wattebälle auf dem Tisch. Jeder Mitspieler schnappt sich einen Trinkhalm und eine Schale und versucht, mithilfe des Trinkhalms so viele Schneebälle, äh, Wattebälle anzusaugen und in seine Schale zu befördern wie möglich. Stoppt die Zeit. Wer nach einer Minute am meisten hat, hat gewonnen.

Wissen

GEHEIMES WISSEN LORBEERBLÄTTER

Hast du dich auch schon mal gefragt, warum Mama oder Papa getrocknete Blätter ins Essen werfen? Und hast du auch schon mal an einem der Blätter gerochen? Was da so intensiv duftet, ist Lorbeer. Der sorgt im Essen für herzhaften Geschmack und ist richtig gesund. Bevor man das Essen dann aufisst, fischt man das Blatt wieder heraus.

Der immergrüne Lorbeerbaum stammt aus dem Mittelmeerraum und wächst dort auch heute noch wild. Die alten Römer banden aus den Blättern einst Kränze für die erfolgreichsten Krieger, die Griechen für die Sieger der olympischen Spiele.

Wenn du Halsschmerzen hast, versuche es mal mit einem Lorbeer-Tee: Dafür einen Esslöffel zerdrückte Lorbeerblätter mit 250 Milliliter heißem Wasser übergießen (Vorsicht!) und zehn Minuten ziehen lassen. Durch ein Sieb gießen und in kleinen Schlückchen trinken.

Schnuppere auch mal an den Blättern, wenn du Angst hast. Der Rauch, der beim Verbrennen von Lorbeerblättern entsteht, soll nämlich einen beruhigenden Effekt haben.

MEINE SEITE

Hier ist Platz für deine Lieblingsrezept, eine Geschichte, ein Bild oder ein gepresstes Blatt.

FEBRUAR

Draußen friert es. Aber in der Küche ist es warm und duftet
nach brutzelnden Pfannkuchen. Und beim Backen überlegen wir,
als was wir uns bloß dieses Jahr an Karneval verkleiden.

WIR FEIERN FASCHING

Im Februar ist nicht besonders viel los in dem kleinen Dorf gleich hinterm Deich, in dem wir wohnen. Da liegt oft so dicker Nebel auf den Wiesen, dass ich den Hühnerstall von meinem Fenster nicht sehen kann. Wie Zuckerwatte sieht das aus. Und es ist so lange nass und kalt und grau, dass Polly und ich oft keine Lust haben, draußen zu spielen. Zum Glück hatten wir unseren Kochclub. Da gibt es immer was zu tun. Und dann ist zum Glück im Februar auch noch Fasching.

Das Gute an Fasching ist, dass es immer schon lange vor dem Tag lustig wird, an dem wirklich Fasching ist. Es beginnt lustig zu werden, wenn Mama fragt, als was wir gehen wollen. Ich habe drei Brüder und die haben wirklich immer verrückte Einfälle, sage ich euch. Mein großer Bruder ist schon zehn. Der macht sich nicht mehr so viel aus Fasching. Meist geht er als eine Figur aus einem seiner Bücher. Er liest nämlich fast die ganze Zeit. Ich kann mich meist nicht so richtig entscheiden, als was ich gehen möchte: Meistens als Vampir oder Geist oder Ungeheuer oder so. Mama meint dann immer, dass ich Fasching bitte nicht mit Halloween verwechseln solle und dass es gern ein freundliches Kostüm sein dürfe. Aber wie bitte soll man denn mit freundlichen Kostümen den Winter vertreiben? Dafür ist Fasching ja eigentlich da. Polly geht übrigens jedes Jahr als Cowboy (oder heißt das dann Cowgirl?). Leider erlaubt ihre Mutter ihr nie, Snow mit in die Schule zu nehmen, aber dafür eine Pistole, da ist Pollys Mama entspannter als meine.

Mein kleinerer Bruder möchte immer ein freundliches Kostüm. Er hat nämlich Tiere so gern, dass er jedes Jahr als eines gehen will. Leider ändern sich seine Tierkostümwünsche mehrmals am Tag. Sogar dann noch, wenn Mama längst an einem Schlangenkostüm näht. Da sitzt Mama dann in ihrem kleinen Nähzimmer hinter der Nähmaschine, um sie herum lauter Stoffe und Schnitte und so und neben ihr ein super langer, goldener Schlangenschwanz, weil mein Bruder immer ganz spezielle Tierwünsche hat. Eine Goldschlange mit roten Punkten, oder sowas. Mit der ist sie fast fertig und dann kommt mein Bruder rein und ruft: „Mama, ich weiß jetzt, als was ich gehen will: Als dreiköpfiger Tiger!"

Ich sage euch, Mama guckt dann immer gruseliger, als all meine Gruselkostüme. Und wenn ich sie dann auch noch daran erinnere, dass es zu Fasching aber gern ein freundliches Gesicht sein darf, dann schaut sie noch grimmiger.

Wir feiern immer bei uns in der Schule Fasching und manchmal noch beim Fußballtraining und beim Reiten. Und damit sich die ganze Kostümnäherei und -kauferei auch lohnt, erlaubt Mama sogar noch eine kleine Faschingsparty mit ein paar Freunden bei uns Zuhause. Da spielen wir Tiermemory (sogar mit den Erwachsenen) und es gibt Minipizzen und Gurkensushi und Knabberkram und selbstgemachte Zitronenlimonade.

Mama hat übrigens doch die gepunktete Goldschlange und den dreiköpfigen Tiger fertig genäht. Sie hat dabei ziemlich gestöhnt, weil sie nicht besonders oft näht und eigentlich auch gar keine Zeit dafür hat. Aber Goldschlangen und Dreikopftiger kann man natürlich nicht einfach irgendwo fertig bestellen. Als beide Kostüme fertig waren und mein Bruder sie immer wieder an und ausgezogen und sehr glücklich geguckt hat, hat sie auch glücklich geguckt. So ist das ja mit Müttern.

Am Mittag vor der Faschingsparty haben Polly und ich Pfannkuchen gemacht, weil wir nicht viel Zeit

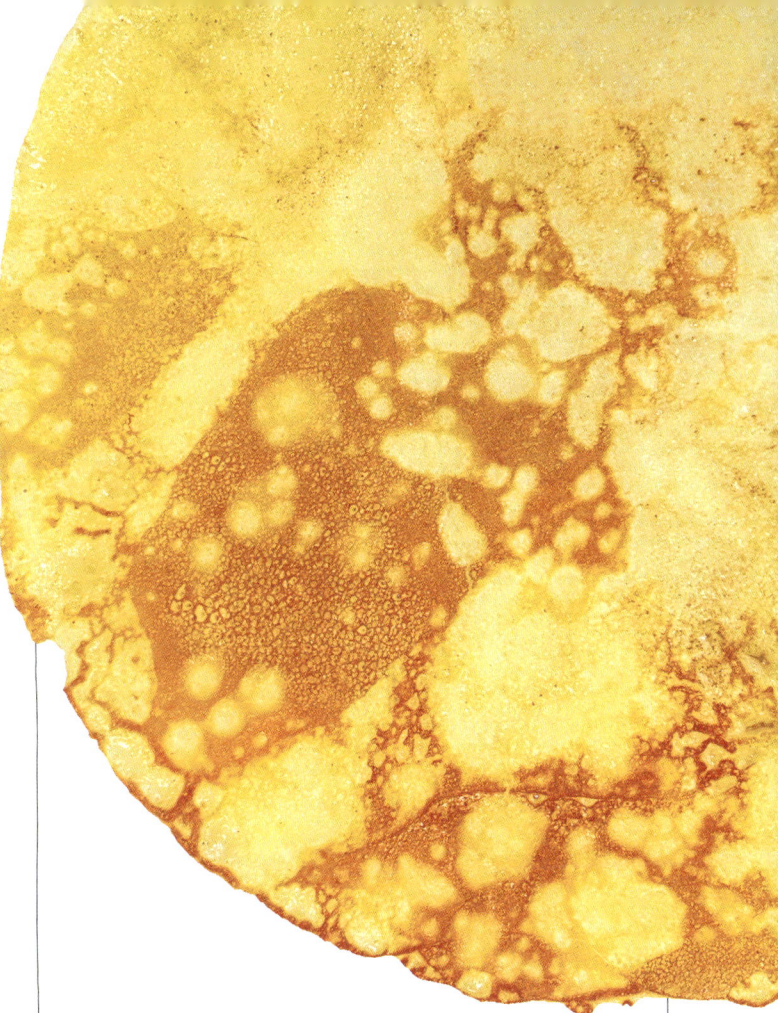

hatten. Wir mussten ja noch die Snacks zubereiten und außerdem schmücken. Unsere Pfannkuchen sind allerdings die besten überhaupt. Wir backen sie immer nach einem Geheimrezept von Papa. Das war eine Weile sogar so geheim, dass er es nicht mal Mama verraten wollte. Mama fand das eigentlich ganz gut, weil Papa dann immer die Pfannkuchen gebacken hat. Heute hat sie vier Kinder und ein Pfannkuchenrezept von Papa. Das ist auch wunderbar, sagt Mama.

Rezept

Papas geheime Pfannkuchen

(die jetzt nicht mehr ganz so geheim sind).

Für 10 Pfannkuchen
- **1 Glas Milch**
- **½ Glas Wasser**
- **Salz**
- **2 Eier**
- **10 gehäufte Esslöffel Mehl**
- **Sonnenblumenöl**

Und so geht's: Vermische ein Glas Milch, ein halbes Glas Wasser, eine Prise Salz, die Eier und zehn gehäufte Esslöffel voll Mehl und verrühre alles gut mit dem Handmixer. Gib ein wenig Sonnenblumenöl in eine Pfanne, erhitze es und gib jeweils eine Suppenkelle voll Teig hinein. Backe im heißen Fett ungefähr zehn dünne Pfannkuchen aus.

Wir essen Apfelmus dazu oder streuen Zimt- und-Zucker drüber. Und manchmal streichen wir ausnahmsweise Nuss-Nougat-Creme drauf.

PS: Polly hat sich gewundert, dass da so viel Wasser reinkommt. Ich wusste es auch nicht, aber Papa hat uns erklärt, dass das Wasser den Teig schön flüssig macht und er sich daher gut in der Pfanne ausbreitet. Deshalb kann man besonders dünne Pfannkuchen backen. Die mögen wir am liebsten, weil man sie so gut rollen kann.

Nachgefragt

WAS PASSIERT EIGENTLICH MIT DEN PFANNKUCHEN IM BAUCH?

Klar wollten Polly und ich unbedingt wissen, was eigentlich mit den heruntergeschluckten Pfannkuchen in uns drin passiert. Meine Brüder müssen danach immer unheimlich dringend zum Klo – ich glaube ja, weil sie keine Lust haben, den Tisch mit abzuräumen. Das müssen wir nämlich immer. Als zwei nach dem Essen mal wieder aufsprangen und ins Bad flitzten, wollte ich es genau wissen: Rutscht ein Pfannkuchen (oder was auch immer) echt so schnell durch?

Mama wusste zum Glück wieder Bescheid. Sie hat auch wieder gemalt. Und ich sage euch: Unser Körper ist eine echt coole Fabrik. Der macht wirklich aus Pfannkuchen stinkende Würste. Ich bin also in echt eine Stinkwurstfabrik.

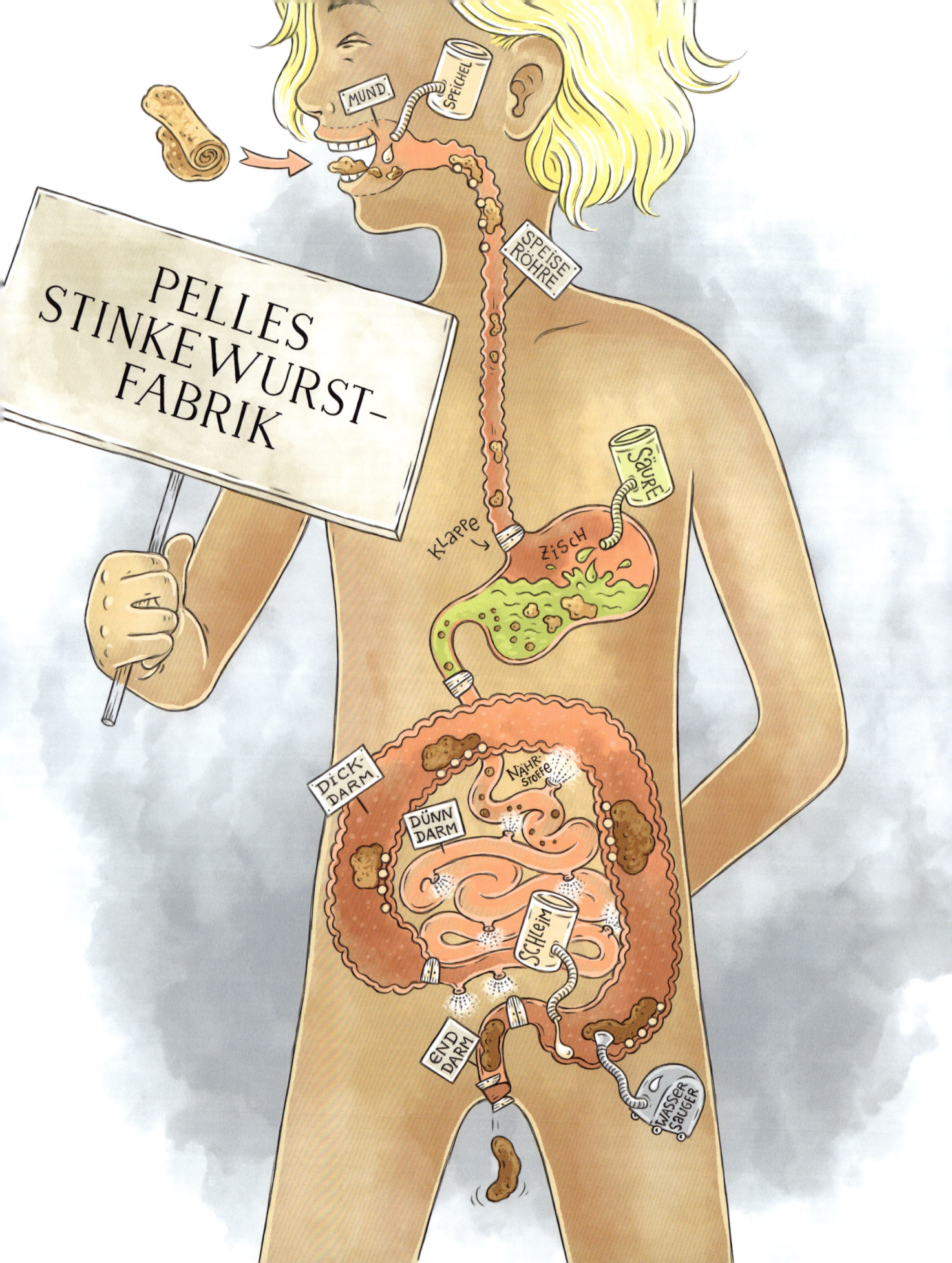

Ein Blick in deine eigene Stinkewurst–Fabrik

Los geht's an der Laderampe, deinen Lippen. Statt eines LKWs liefert deine Hand eine Ladung Pfannkuchen auf der Gabel an. Klappe auf, Pfannkuchen rein. Die Verarbeitung geht sofort los.

Als erstes schneiden und stampfen deine Zähne den Pfannkuchenhapps klein, wie ein großes Mahlwerk. (Du hilfst deiner Fabrik, wenn du gut kaust.)

Aus ein paar Drüsen kommt Spucke dazu, die macht den zerhackten Pfannkuchen schön matschig. Außerdem sind darin winzige kleine Helfer, die schon mal die Stärke im Essen chemisch zerkleinern. Wenn du schluckst, rutscht der Pfannkuchenmatsch runter in die Speiseröhre.

Die Wände der Speiseröhre haben Falten. Muskeln bewegen diese Falten, so dass der Pfannkuchenmatsch wie auf einem Fließband in Richtung Magen befördert wird. Vor dem Magen gibt es eine Klappe. Sie ist eigentlich geschlossen, damit kein Speisebrei vom Magen zurück in den Mund fließen kann. Sie öffnet sich beim Schlucken.

Flutsch, der Pfannkuchenmatsch fällt in den Magen wie in einen großen Tank. Muskeln an der Magenwand rühren den Pfannkuchenmatsch um. Der Magen dient auch als Lagerraum für den Speisebrei, damit der in kleinen Portionen zur Weiterverarbeitung an den Dünndarm geliefert wird.

Außerdem wird im Magen eine starke Säure zum Pfannkuchenmatsch gepumpt. Sie desinfiziert den Pfannkuchematsch, indem sie viele Keime und Bakterien abtötet. Der Magen selbst hat eine dicke Schleimschicht, damit er sich durch seine Säure nicht selbst verletzt.

Der gut verrührte Pfannkuchenbrei rutscht dann weiter in den Dünndarm. Auch seine Wände haben Falten. Diese transportieren die Nahrung in Richtung Dickdarm. (Der Dünndarm wäre ausgebreitet ungefähr fünf Meter lang!). Im Dünndarm zerkleinern Enzyme Proteine, Fette und Stärke in kleine Portionen. Vitamine flutschen meist über die Darmwand in den Körper. Über feinste Kanälchen (das Lymphsystem) gelangen diese klitzekleinen Portionen in dein Blut. Das bringt all die Stoffe dahin, wo dein Körper sie braucht, damit du hüpfen, laufen, lachen und denken kannst.

Das was übrig bleibt, also alles, was dein Körper nicht braucht, wird weiter in den Dickdarm geschoben.

Im Dickdarm wird dem übrig gebliebenen Brei Wasser entzogen. Hier befinden sich außerdem jede Menge Bakterien, die den Speisebrei gären lassen. Die Bakterien stecken übrigens auch mit in deiner Stinkewurst (neben Wasser und ein paar Essensabfällen). Darum sollst du dir nach der Toilette immer unbedingt die Hände waschen!

Apropos Toilette: Das Ende deines Dickdarms kannst du dir wie eine Sicherheitskammer mit zwei Schiebetüren vorstellen. Wenn es am Ende deines Dickdarms eng wird, öffnet sich automatisch die erste Tür und deine Stinkewurst schiebt sich hindurch. Jetzt merkst du, dass du aufs Klo musst. Wenn du drauf sitzt, öffnest du durch Entspannung die zweite Tür, drückst und deine Wurst plumpst ins Klo.

Tipp: Damit in deiner Fabrik alles rund läuft, damit die Fließbänder flutschen, solltest du deiner Verdauung helfen und viele Ballaststoffe essen. Die stecken in Obst, Gemüse und Vollkornprodukten. Außerdem hilft es, wenn du viel trinkst und dich viel bewegst.

Wow: 50 Tonnen Nahrung verarbeitet deine Stinkewurstfabrik ungefähr im Laufe eines Lebens. Das ist etwa so schwer wie ein großer, voll beladener LKW.

Nachgefragt

WARUM SCHMECKT JEDES BROT SÜß, WENN DU ES LANGE GENUG KAUST?

Das kannst du selbst ausprobieren. Beiße ein Stück von einer Scheibe Brot ab und kaue den Bissen lange. Wirklich sehr lange. Merkst du was? Das Brot, das erst herzhaft oder salzig schmeckte, schmeckt jetzt süß. Das liegt an dem in deiner Spucke enthaltenen Enzym Alpha-Amylase, das die im Brot enthaltene Stärke in Zucker (Maltose) umwandelt. Die Verdauung beginnt also tatsächlich schon im Mund. Aber nur, wenn du schön lange kaust.

Wissen

GEHEIMES WISSEN ZITRONE

Eine Armee von Alexander dem Großen brachte die ersten Zitronen aus Indien nach Europa mit. Die Menschen kauten sie damals wie Äpfel und nannten sie indische Äpfel. Bähhh, muss das sauer gewesen sein!

Bestimmt hast du schon mal gehört, dass Zitronen nur dort wachsen, wo es sehr warm ist. Weil sich die grünen Früchte aber nur dann gelb färben, wenn sie ein paar kühle Nächte erlebt haben, macht das die Zitrone zur klassischen Winterfrucht, die uns in der kalten Jahreszeit mit Vitamin C versorgt.

Wusstest du, dass Zitronen andere Früchte verderben können? Sie geben ein Gas ab, was andere Früchte schneller reifen - und damit schneller schlecht werden lässt. Zitronen kriegen also bitte am besten immer einen Einzelplatz.

MINIWIMPEL-GIRLANDE

Girlanden sind super, weil sie immer nach guter Laune aussehen, finde ich. Polly und ich haben aus bunten Papierresten eine ganz einfache Girlande gebastelt, die wir nicht nur zu Fasching, sondern auch zu allen anderen Festen im Jahr aufhängen.

DU BRAUCHST:
- Ein paar bunte Papierreste oder alte Zeitungen
- Schere
- Klebestift
- Band
- Stift

UND SO GEHT'S: Bastele dir eine Schablone in Form eines länglichen Dreiecks, knicke das Papier und lege deine Schablone auf den geknickten Rand. Zeichne um deinen Wimpel herum. Wenn du ihn jetzt ausschneidest, bekommst du ein doppeltes Dreieck. Schneide ganz viele davon aus. Knicke sie jeweils einmal in der Mitte, schiebe das Band dazwischen und klebe beide Dreiecke mit ein wenig Kleber aufeinander. So kannst du ganz schnell eine ganz lange Girlande basteln.

Bastelidee

Raute ausschneiden...

...umklappen...

...fertig ist der Wimpel.

GEHEIMES WISSEN BASILIKUM

Wahrscheinlich kommt der Name vom griechischen Wort für König, das heißt basileias. Früher wurden nämlich bei Hofe daraus Salben, Parfum und Medizin gemacht. In Indien galt die Pflanze lange Zeit als heilig, dort wurden sogar den Toten Basilikumblätter auf die Brust gelegt, weil man glaubte, das beschütze die Menschen auf ihrer Reise ins Paradies. Mama meint, Basilikum wäre unsere Tomatenpolizei. Wenn man nämlich Basilikum neben die Tomaten pflanzt, hält das weiße Fliegen fern, die ganz verrückt nach unseren Tomaten sind. Und in Italien gilt Basilikum als Zeichen der Liebe. Verrückte Pflanze, oder?

Zitronen-Basilikum-Limonade

Super lecker und erfrischend. Ich mag die Limonade mit Basilikum. Wenn du unsicher bist, kannst du auch erstmal bloß ein Basilikumblatt in deine fertige Zitronenlimonade werfen.

Für 4 Personen brauchst du:
- 100 Gramm Zucker
- 2 – 3 große Bio-Zitronen
- 10 Basilikumblätter
- Eiswürfel
- Mineralwasser

Und so geht's: Koche den Zucker mit 100 Millilitern Wasser auf, bis er sich ganz aufgelöst hat. Zerstoße die Basilikumblätter im Mörser. Das macht total Spaß! Gib den grünen Matsch zum Zuckerwasser. Lasse alles eine halbe Stunde ziehen. Presse die Zitronen aus, gib den Saft zum Basilikum-Sirup und gieße beides zusammen durch ein feines Sieb in eine große Karaffe. Fülle sie mit Mineralwasser auf. Gib ein paar Eiswürfel dazu.

TIERMEMORY

Pollys und mein Lieblingsspiel ist Tiermemory mit Menschen. Wir spielen das gern in der Schule – es passt super zu Fasching. Ist aber auch super auf leicht langweiligen Familienfeiern. Jeder kann mitspielen, von zwei bis 99 Jahren. Man braucht dafür außer zwei Spielern mindestens zehn weitere Kinder (oder Erwachsene), gern noch mehr. Zwei Spieler treten gegeneinander an. Die anderen sind quasi die Spielkarten. Als Erstes gehen die beiden Spieler raus, die anderen tun sich jeweils zu zweit zusammen und suchen aus, welches Tier sie sein wollen. Super sind Tiere, die lustige Geräusche machen, Esel oder Katze oder Löwe oder so. (Polly möchte immer Pferd). Dann verteilen sich alle im Raum. Die beiden Spieler werden hereingerufen und dürfen jetzt immer zwei Spielkarten anticken. Wer angetickt wird, macht sein Tiergeräusch. Wie beim echten Memory müssen beide Spieler abwechselnd möglichst viele Paare finden. Wer am meisten Paare gefunden hat, hat gewonnen. Gelacht haben hinterher aber immer alle.

Rezept

Pizzagesichter

Fertigteig und andere Fertigprodukte sollte man nicht zu oft essen, weil sie nicht so gesund sind. Ab und zu, wenn es mal schnell gehen muss, sind sie völlig okay. Für unsere Faschingsparty haben Polly und ich aus Fertigteig Mini-Pizzen gebacken.

Für 3-4 Personen brauchst du:
- 1 Packung Pizza-Fertigteig
- 1 Packung pürierte Tomaten mit Kräutern
- Salz

Belag nach Wunsch und Kühlschrank
- Zum Beispiel: Mais, Salami, Schinken, Tomaten, Paprika, Fleischklößchen, Pilze, geriebener Käse

Und so geht's: Teig abrollen und mit einem Glas lauter kleine Minipizzen ausstechen. Mit einem Löffel die pürierten Tomaten darauf streichen, ein wenig salzen und je nach Geschmack mit Mais, Pilzscheiben, Salami, Schinken, Tomaten, Fleischklößen, Paprika und geriebenem Käse lustige Gesichter legen.

Rezept

Gurkensushi

Echtes Sushi mag ich nicht so gern, dieses aber schon. Und es macht sehr viel Spaß, es zu machen.

Für 3-4 Personen brauchst du:
- 1 Gurke
- 2 Scheiben fein gewürfelten Gouda
- 2 Scheiben fein gewürfelte Putenbrust
- 1 Paprika, geputzt und in feine Streifen geschnitten (Karottenstreifen passen auch)
- 2 Esslöffel Mayonnaise

Und so geht's: Wasche die Gurke und schneide sie in Scheiben, so breit wie zwei deiner Finger. Drücke die weichen Kerne mit einem Holzlöffel heraus. Verteile mit einem Löffel etwas Mayo in der Gurke und fülle sie mit Gouda, Putenbrust und Paprika.

Nachgefragt

WARUM SIND FERTIGPRODUKTE EIGENTLICH NICHT GUT?

In Fertigprodukten stecken ganz viele Sachen, die wir so eigentlich nie essen würden: Künstlich hergestellte Aromen und Geschmacksverstärker zum Beispiel. Außerdem trainieren uns Fertiggerichte den Geschmack von naturbelassenen Lebensmitteln ab. Wenn wir nämlich immer bloß fertigen Erdbeerjoghurt essen, denkt unser Körper bald: „Ah, so schmeckt Erdbeere." Essen wir dann eine echte Erdbeere, kommt sie uns sauer vor. Unser Körper lernt also die künstlichen Aromen zu mögen und Fitmacher nicht zu mögen. Keine gute Idee.

Macht euch also lieber öfter mal eine Schale mit Naturjoghurt, frischen Erdbeeren und ein wenig Honig oder Ahornsirup. Und merkt euch: Ab und zu Fertiggerichte zu essen ist nicht schlimm, aber meistens sollte es frisch zubereitete Dinge geben. Zum Glück, sonst hätten Polly und ich ja nichts zu tun!

Pizzagesichter und Gurkensushi

MEINE SEITE

Hier ist Platz für ein Rezept, ein Foto von deinem Kostüm oder ein bisschen Konfetti.

_____

_____

_____

_____

_____

_____

_____

_____

_____

_____

_____

_____

_____

_____

_____

_____

MÄRZ

Wie schön es klingt, wenn der Schnee unter unseren dicken Stiefeln knirscht.
Mal ziehe ich Polly auf dem Schlitten, mal sie mich.
Den Deich rodeln wir anschließend gemeinsam runter, Juchhuuuuuuuu!

AB IN DEN SCHNEE

Wenn wir Glück haben, wird es im März noch mal so richtig kalt. Und manchmal schneit es sogar. Dann treffen wir uns mit fast allen Kindern aus dem Dorf und unseren Schlitten am Deich und sausen ihn hinunter. Er ist irre lang, deshalb können wir uns alle in eine Reihe stellen und losrodeln. Leider schlittert mindestens einer immer zu früh. Deichrodeln macht aber trotzdem super Spaß. Die Mütter und Väter freuen sich auch, denn wenn wir schlittern, können sie schnacken, wie man bei uns sagt. Das heißt erzählen. Die Erwachsenen reden immer furchtbar viel und irre lange. Bloß wenn es ganz kalt ist, dann reden sie gar nicht. Ein Jahr war es so kalt, da hatten wir Kinder und alle Erwachsenen knallrote Kältenasen. Die Kindernasen sahen lustig aus, die Erwachsenennasen aber noch viel lustiger. Weil sie auch noch so groß waren, wie bei den Clowns. Leider fanden die Erwachsenen das alles nicht so witzig und alle großen und kleinen Nasen mussten schnell nach Hause gehen und sich aufwärmen.

Wenn es mal wieder leider nicht schneit, aber eiskalt ist, dann frieren wenigstens die riesengroßen Elbpfützen zu. Da treffen sich dann ebenfalls alle und fahren Schlittschuh. Manche haben Schlittschuhe, viele schlittern aber bloß so in ihren ganz normalen Winterschuhen. Am besten schlittert Mama – leider immer auf ihrem Po, weil ihre Winterstiefel kein Profil haben. Es sieht schon ein wenig lustig aus, wenn Mama da auf dem Boden sitzt, obwohl sie mir natürlich auch ein wenig Leid tut. Wenn wir Glück haben, baut ein Erwachsener aus einem kleinen Tisch eine Bar und serviert uns Kinderpunsch. Polly und ich stoßen dann an und sagen: „Auf Ihr Wohl, mein Herr!" und „Prost, meine Dame!" Und dann lachen wir uns schlapp, bevor wir bloß noch mit den Zähnen klappern, weil es im Winter wirklich so richtig kalt bei uns ist.

Nach dem Rodeln oder Schlittenfahren gibt es bei uns manchmal einen Sonntagsbraten. Mein kleinerer Bruder möchte den zuerst immer nicht essen, weil er ja ein Tierfreund ist. Erst recht nicht, seit bei uns nebenan fünf getupfte Schweine wohnen. Seitdem findet er das so richtig gemein. Wir anderen essen ab und zu mal Fleisch, aber nicht zu oft, weil viel Fleisch essen nicht gut für die Umwelt ist. Wir kaufen nur Fleisch von Tieren, die es vor dem Schlachten möglichst so gut hatten, wie die Schweine bei uns nebenan. Das ist Mama ganz wichtig. Und Polly und mir auch. Dieses Fleisch ist teurer, schmeckt aber auch besser. Es ist eben ein besonderes Essen, so wie früher, als die Menschen sich sowieso nicht öfter als ein bis zwei Mal in der Woche Fleisch leisten konnten. Die Erwachsenen nennen Menschen, die so essen wie wir, Flexitarier.

Den Sonntagsbraten, den es ab und zu gibt, macht Mama, weil nur sie die Kruste so richtig krustig kriegt. Aber wir haben Mama und Papa an einem grauen Nieselregensonntag schon mal zum Hackbratenessen eingeladen. Und das war wirklich richtig gut. Unseren Braten mochte sogar mein kleinerer Bruder, obwohl der ja eigentlich mindestens Schweinevegetarier ist.

Jeder muss für sich selbst entscheiden, ob er Fleisch essen möchte oder nicht. Wenn du kein Fleisch isst, solltest du darauf achten, dass du dich ansonsten gesund ernährst und regelmäßig Eier,

So gemütlich, wie die Bentheimer Schweine bei uns nebenan, sollten es alle Schweine haben.

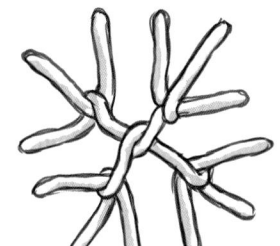

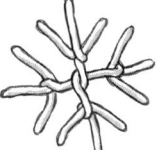

Hülsenfrüchte und Joghurt isst. Egal wie man sich entscheidet, manchmal macht es Spaß, seine Lieblingsessen in vegetarisch auszuprobieren. Vor einer Weile haben Polly und ich eine vegetarische Leberwurst gemacht. Das Rezept hatten wir von Pollys Mama, die ist nämlich Vegetarierin. Und diese Wurst, oder eigentlich die Wurst, die so tut als wäre sie eine, schmeckte wirklich richtig gut. Übrigens nennt man Menschen, die kein Fleisch, aber Fisch essen, Pescetarier. Und Menschen, die überhaupt nichts essen, was von oder aus einem Tier gemacht wird, heißen Veganer. Ein paar Kinder aus meiner Klasse mögen kein Fleisch, außer Würstchen. Die nennen Polly und ich Wurstianer.

Das Allertollste überhaupt im März sind die Märzferien. Die werden bei uns auch Skiferien genannt und genau das machen wir dann oft: Wir packen ein paar warme Sachen ein und Mama packt immer noch mehr dazu. Dann fahren wir lange, lange, lange mit dem Auto und irgendwann sind wir im Schnee. Bei meinem kleinsten Bruder reicht er bis zur Nasenspitze. Im Schnee essen wir mindestens einmal am Tag Kaiserschmarrn, jeden Tag, eine ganze Woche lang. Wenn wir wiederkommen, haben wir erstmal keinen Kaiserschmarrn-Appetit mehr. Aber immer höchstens bloß für eine Woche.

Einmal, als wir wiederkamen und mit Mama unsere Koffer auspackten, rutschte aus einem zusammengerollten Pullover meines kleineren Bruders eine klebrig weiche, braune Wurst. Mama schrie laut auf, weil sie erst dachte es wäre, naja du weißt schon was für eine Wurst. Es war aber bloß eine Portion Kaiserschmarrn, die mein kleinerer Bruder für zu Hause in seinen Pulli eingerollt hat. Dabei machen wir Zuhause auch einen wirklich guten Kaiserschmarrn. Was haben wir gelacht. Alle außer Mama. Die erst eine ganze Weile später.

Rezept

Vegetarische Leberwurst

Es ist verrückt, dass Bohnen und braune Linsen mit ein paar Gewürzen tatsächlich wie echte Leberwurst riechen und schmecken. Probiere es doch auch mal aus.

Für ein kleines Schraubglas voll brauchst du:

- 125 Gramm Braune Linsen
- 125 Gramm Kidneybohnen
- 2 Esslöffel Butter
- 1 kleine Zwiebel
- 1 Lorbeerblatt
- ½ Teelöffel Paprikapulver
- 3 Prisen Salz
- 1 Teelöffel Majoran
- 1 Messerspitze weißen Pfeffer
- eventuell 1 Esslöffel Röstzwiebeln und oder 1 Teelöffel Preiselbeeren

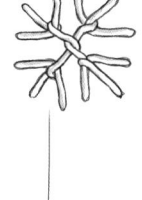

Und so geht's: Gieße das Wasser der Bohnen und Linsen ab. Schäle die Zwiebel und schneide sie in kleine Würfel. Brate die Würfel in einem Esslöffel Butter in einer heißen Pfanne vorsichtig an. Gib die Bohnen, die Linsen und das Lorbeerblatt dazu und lass alles auf kleiner Flamme etwa zehn Minuten köcheln. Fische das Lorbeerblatt vorsichtig heraus, gib noch einen Esslöffel Butter dazu und würze mit Paprikapulver, Salz, Pfeffer und Majoran. Gib die Masse in ein schmales Gefäß und püriere sie mit einem Pürierstab fein. Wenn du magst, gib Röstzwiebeln oder Preiselbeeren dazu. Fülle deine Veggie-Wurst in ein sauberes Schraubglas und lasse sie im Kühlschrank ein bis zwei Stunden durchziehen. Streiche die Wurst auf frisches Brot, lege vielleicht saure Gurkenscheiben drauf und genieße.

GEHEIMES WISSEN NUDELN

Wissen

Es ist gar nicht ganz klar, ob die Italiener wirklich die Nudel erfunden haben. In China wurden nämlich schon 200 vor Christi gedämpfte Teigtaschen erwähnt und in Griechenland fand man sogar in alten Grabkammern Nudelreste, weil die Griechen dieses Essen scheinbar wirklich schätzten.

Es soll etwa 600 verschiedene Pastaformen geben! Sie haben zum Beispiel wunderschöne Namen wie Pizzocheri, Volanti oder Radiatori.

Manche Menschen behaupten, man müsste eine Nudel an die Wand werfen, nur dann könne man sehen, ob sie wirklich gar ist. Mal abgesehen davon, dass Mama und Papa das ganz sicher nicht gut finden würden, kann man so zwar feststellen, ob sie außen weich ist, allerdings nicht, ob sie innen noch bissfest ist. Und das sollte sie unbedingt sein. Matschige Nudeln schmecken nämlich kein bisschen.

Stell dir vor, ein Pasta-Gericht soll sogar mal eine ganze Stadt gerettet haben. Das war so: Die italienische Stadt Amatrice wurde 2016 fast komplett durch ein Erdbeben zerstört. Danach riefen Fernsehköche in der ganzen Welt Restaurantbesitzer dazu auf, Pasta nach Amatrice-Art zu kochen und einen Teil der Einnahmen zu spenden. Die Aktion half den Bewohnern und machte Pasta all'Amatriciana zu einem richtigen Star. Die Soße besteht übrigens aus Speck, Tomaten, Pecorinokäse, Chilischoten und Olivenöl.

Erbsen-Schinken-Nudeln

Rezept

Ein schnelles Essen, das Polly und ich wirklich schon ganz allein können und alle Kinder bei uns so richtig gern essen. Man kann natürlich auch frische Erbsen nehmen. Weil es die aber so selten auf dem Markt oder im Supermarkt gibt, haben wir immer eine Packung Erbsen im Tiefkühlschrank. (Papa behauptet, Mama könne keinen Supermarkt ohne Erbsen verlassen).

Für 3 bis 4 Personen brauchst du:
- 700 Milliliter Gemüsebrühe
- 1 Pott Schmelzkäse (200 g)
- 500 Gramm Nudeln
- 2 Stängel Petersilie
- Salz
- Pfeffer
- 200 Gramm Schinkenwürfel
- 300 Gramm TK-Erbsen

Und so geht's: Gieße die Brühe in einen Topf und gib die Nudeln hinzu. Lasse die Nudeln nach Packungsanweisung sechs bis acht Minuten kochen. Wirf nach der Hälfte der Kochzeit die Erbsen dazu und lasse sie mitkochen. Gib ganz am Schluss die Schinkenwürfel dazu und rühre den Schmelzkäse unter. Würze mit ein paar Prisen Salz, Pfeffer und frisch geschnippelter Petersilie.

GEHEIMES WISSEN PFEFFER

Pfefferkörner bekommen wir von einer Pflanze, die an Bäumen hochklettert. Bis zu zehn Meter hoch kann sie klettern! Schwarzer Pfeffer wird als Gewürz benutzt, damit etwas würziger und schärfer schmeckt. Die Pflanze wächst in Asien, daher war es für die Europäer schwer an Pfeffer zu kommen. Dabei mochten sie ihn so gern und wer konnte, zahlte viel Geld dafür. Auf großen Schiffen wurden die Pfeffersäcke den weiten Weg übers Meer hertransportiert. Auch als Christoph Kolumbus Amerika entdeckte, war er unter anderem auf der Suche nach Pfeffer.

IST TIEFKÜHL-GEMÜSE EIGENTLICH SCHLECHTER ALS FRISCHES?

Erntefrisches Gemüse schmeckt am besten und ist am besten für den Körper. Allerdings enthält tiefgefrorenes Gemüse in der Regel mehr Vitamine, als Gemüse aus Gläsern oder Dosen und sogar mehr, als frisches Gemüse, das tagelang im Kühlschrank herumliegt. Erbsen verlieren zum Beispiel in nur zwei Tagen nach der Ernte fast die Hälfte ihres Vitamin C, Blattspinat sogar bis zu 80 Prozent. Achte aber auch bei Tiefkühlware darauf, dass keine unnötigen Zusatzstoffe wie Zucker oder Konservierungsstoffe enthalten sind. Was in einem Lebensmittel drin ist, kannst du immer in der Zutatenliste nachlesen.

ERBSENGEIST

DAFÜR BRAUCHST DU:

- 1 großen Teller
- 1 Glas
- Wasser
- getrocknete Erbsen

UND SO GEHT'S: Mit dem kleinen Spuk vom Erbsengeist kann man prima Mamas, Papas und kleine Geschwister erschrecken. Schütte getrocknete Erbsen in ein Glas, bis es bis zum Rand voll ist. Gieße Wasser bis oben zur Kante dazu. Stelle das gefüllte Glas auf den Teller und verstecke es heimlich unterm Bett oder unterm Sofa der Person, die du erschrecken möchtest.

WAS PASSIERT? Nach etwa 20 Minuten sind die ersten Plopp-Geräusche zu hören. Alle werden sich wundern, woher das kommt. Warum das so ist? Die Erbsen sind die Samen der Erbsenpflanze. Im Wasser saugen sie sich voll und werden dadurch immer größer. Irgendwann reicht der Platz im Glas nicht mehr aus und die Erbsen fallen über den Rand. Klack! Klack! Klack!

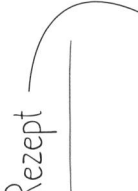

Kinderpunsch

Wärmt herrlich nach einem Nachmittag im Schnee – oder Nieselregen. Und schmeckt köstlich!

Für 6 Personen brauchst du:
- 1 Liter Tee (zum Beispiel Weihnachtstee)
- 1 Liter Apfelsaft
- 2 Nelken
- 2 Stangen Zimt
- 2 Esslöffel Honig
- Saft von 3 Orangen
- Schale von 1 Bio-Orange
- Mandelsplitter

Und so geht's: Brühe den Tee auf und lasse ihn mit Nelken, Zimtstange und Orangenschale etwa fünf Minuten ziehen. Gib ihn mit Apfelsaft in einen Topf. Presse die Orangen aus und gib den Saft ebenfalls dazu. Erhitze deinen Punsch nur leicht, lass ihn nicht kochen. Süße ihn mit Honig und serviere ihn mit Mandelsplittern in einem Becher oder Glas.

Langsam haben wir alle so richtig Lust auf Frühling, aber es will und will noch nicht warm werden. Meine Oma tröstet mich dann immer mit alten Bauernregeln. Mit dieser zum Beispiel: „Wenn im Märzen viel Winde weh'n, wird's im Mai dann warm und schön!"

Onkel Jos Kaiserschmarrn

Dieses Rezept ist von Jo, einem Freund von Mama und Papa und der Patenonkel meines großen Bruders. Wir nennen ihn aber alle Onkel. Jo, der eigentlich Jens heißt, wohnt schon lange in Hamburg – sein Kaiserschmarrn schmeckt aber noch besser, als die allermeisten in Österreich.

Für vier Personen brauchst du:
- 70 Gramm Rosinen
- 160 Gramm Mehl
- 100 Gramm Zucker
- Salz
- 400 Milliliter Milch
- 4 Eier
- 3 Esslöffel Öl
- 6 Esslöffel Butter
- Puderzucker
- Vanillesoße
- Apfelmus

Und so geht's: Wasche zunächst die Rosinen und lass sie abtropfen. Verrühre zwei Esslöffel Zucker, Mehl, eine Prise Salz und Milch mit dem Handrührer. Rühre die Eier erst zum Schluss unter. Erhitze in einer großen Pfanne mit Deckel einen Esslöffel Butter und einen Esslöffel Öl. Gib ein Drittel des Teiges hinein und lass ihn bei kleiner Hitze hellbraun backen. Das dauert eine ganze Weile. Dreh den Pfannkuchen um und brate ihn kurz auf der anderen Seite. Zupfe ihn mit zwei Gabeln klein, gib noch einen Esslöffel Butter und einen Esslöffel Zucker dazu und brate die Pfannkuchenstücke goldbraun. Gib die Pfannkuchenteile in eine Schale und stelle sie im Backofen bei 75 Grad warm. Backe genauso noch zwei weitere Pfannkuchen und zupfe sie klein. Serviere deinen Kaiserschmarrn auf einer großen Platte mit den Rosinen, reichlich Puderzucker, Vanillesoße und Apfelmus.

Wissen

ZWIEBEL SCHNEIDEN WIE EIN PROFI GEHT SO:

Lege die Zwiebel auf ein Küchenbrett und schneide Spitze und Wurzelboden ab. Danach kannst du die braune Schale ganz einfach abziehen. Wenn sich darunter noch weiche oder braune Stellen verstecken, schneide sie weg. Stelle die Zwiebel aufrecht auf das Brett. Schneide sie dann in der Mitte einmal der Länge nach durch. Lege ein Zwiebelhälfte flach auf das Brett und schneide sie in möglichst dünne Scheiben. Wenn du diese Scheiben auseinander pulst, hast du schöne Halbringe. Wenn du Würfel brauchst, lege einfach zwei oder drei Scheiben übereinander und schneide sie klein.

Tipp: Mein großer Bruder holt immer seine Taucherbrille, wenn er Zwiebeln schneidet. Polly und ich haben von Mama einen anderen Trick gelernt (der nicht so albern aussieht). Wir spritzen uns immer mit den Händen ein paar Tropfen Wasser ins Gesicht und trocknen sie nicht ab. Macht Spaß und hilft gegen Weinen! Meistens.

Rezept

Oma Wilmas Hackbraten

Ein richtiges Sonntagsessen, so wie die Mama meiner Mama es früher immer gemacht hat. An einen richtigen Sonntagsbraten trauen sich Polly und ich nämlich noch nicht ran – aber dieser hier klappt super und schmeckt mindestens genauso gut. Achte darauf, dass du gutes Fleisch besorgst. Und hole dir vielleicht jemanden zum Helfen. Hierbei gibt es nämlich ziemlich viel zu tun.

Für 6 Personen brauchst du:

- 1½ Kilo gemischtes Bio-Hackfleisch
- 3 Zwiebeln
- 1 hartes Brötchen vom Tag vorher, in Wasser eingeweicht oder 100 Gramm Semmelbrösel
- 300 Milliliter Milch
- 2 Eier
- 1 Teelöffel Senf
- Salz
- weißen Pfeffer
- 300 Gramm TK-Erbsen
- 600 Gramm Möhren
- 1,2 Kilo Kartoffeln
- 250 Gramm Champignons
- 3 Esslöffel Butter
- 1 Esslöffel Mehl
- 100 Milliliter Schlagsahne
- Zucker
- 2 Stängel Petersilie
- Sonnenblumenöl

Und so geht's: Schäle die Zwiebeln und würfele sie fein. Drücke das eingeweichte Brötchen gut aus. Verknete Brötchenmatsch, Hack, die Hälfte der Zwiebelwürfel, 100 Milliliter Milch, Eier und Senf. Würze die Masse mit einem Teelöffel Salz und einer Messerspitze gemahlenem weißem Pfeffer. Forme die Masse zu einem ovalen Klumpen, lege sie in eine große Auflaufform und backe deinen Hackbraten bei 150 Grad Umluft etwa eineinhalb Stunden. Nach etwa einer Stunde erledigst du den Rest: Schäle die Kartoffeln und koche sie in Salzwasser für etwa 20 Minuten. Nimm die Erbsen aus dem Gefrierschrank. Schäle die Möhren und schneide sie in Scheiben. Säubere die Pilze mit einer Bürste und schneide sie in Würfel.

Erhitze einen Esslöffel Öl und einen Esslöffel Butter in einer Pfanne, gib die restlichen Zwiebelwürfel und Pilze dazu und lasse alles für ein paar Minuten anschwitzen (super Wort, oder?), bis es duftet. Bestäube die Pilze mit Mehl, gieße die Sahne und restliche Milch dazu und lasse alles drei Minuten köcheln. Gib zwei Prisen Salz dazu.

Gib die Möhren mit einem Esslöffel Butter in einen Topf, lass sie kurz anschwitzen, würze mit Zucker und einer Prise Salz. Gieße 200 Milliliter Wasser dazu, lasse alles einmal aufkochen und köchele die Möhren dann bei niedriger Temperatur für etwa zehn Minuten. Nach fünf Minuten gibst du die Erbsen dazu und kochst beides noch weitere fünf Minuten. Dann gieße das heiße Wasser vorsichtig ab und gib einen Esslöffel Butter an das Gemüse.

Wasche die Petersilie, schüttele sie trocken, schneide sie fein und streue sie über die abgegossenen Kartoffeln (Vorsicht, heiß!). Serviere deinen Braten mit Pilz-Soße, Kartoffeln und Gemüse.

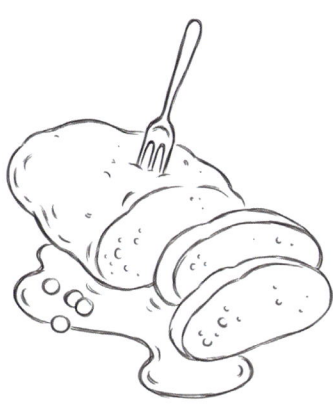

Spiel

VERSTEINERT!

Mama will spätestens im März immer unbedingt spazieren gehen, weil sie findet, dass wir den Winter über genug in der Bude gehockt haben. Ich mag spazieren gehen nur mit vielen Freunden, mindestens mit Polly. Und dann mag ich es, wenn wir unterwegs das Versteinert-Spiel spielen.

UND SO GEHT'S: Einer ruft: „1-2-3 – versteinert!" Alle bleiben stehen, nur einer ist dran und muss sich blitzschnell in etwas verwandeln, das er gerade sieht: Einen Ast, einen Zaun, einen Baum oder auch in den Wind. Das ist schwer! Papa war schon mal ein Hundehaufen. Was haben wir gelacht!

Hallo Frühling

Hurra, am 21. März ist Frühlingsbeginn, egal ob es schneit, hagelt oder nicht. An diesem Tag sind Tag und Nacht gleich lang. Die Tage werden ab jetzt länger, es bleibt länger hell, die Sonne wird immer wärmer und draußen wird es jeden Tag ein bisschen grüner. Und wir müssen jeden Abend ein wenig später ins Bett, weil Mama vergisst, wie spät es schon ist. Juchhu!

Wissen

MEINE SEITE

Hier ist Platz für ein Rezept, eine Geschichte oder ein selbstgemaltes Schneebild.

_____

_____

_____

_____

_____

_____

_____

_____

_____

_____

_____

_____

_____

_____

_____

_____

APRIL

Hurra, endlich wird es draußen wieder wärmer. Wir feiern den Frühling und
Ostern und sammeln dafür jede Menge Eier: frisch gelegte Hühnereier natürlich –
und außerdem jede Menge Schokoeier.

FRÜHLINGSSCHNUPFEN, KEKSE UND EIN FEUER

Im April haben wir meist erst mal alle einen Schnupfen. Weil die Sonne nämlich wieder mehr scheint und wir endlich raus wollen. Leider vergessen wir beim draußen Spielen oft die Jacke und manchmal auch die Schuhe – und dann werden wir krank. Mama flucht jedes Jahr, aber nur ein bisschen. So richtig flucht sie allerdings über all die Socken, die ab April wieder überall bei uns im Garten und auf dem Hof herumliegen. Ich weiß auch nicht, wie die da immer hinkommen.

Das Allerbeste im April ist natürlich Ostern. Da beginnt der ganze Spaß bereits, wenn wir unsere Osterkiste vom Dachboden holen und das Haus dekorieren. Leider haben wir nicht mehr die Eier, die mein großer Bruder und ich als kleines Kind bemalt haben. Die Kiste, in der Mama all die Erinnerungseier aufbewahrt hat (von jedem Kind in jedem Jahr mindestens eins), hat nämlich einer meiner kleinen Brüder mal mit einem Freund unsere Holztreppe heruntergeschmissen. Klack, klack, klatsch – ein Ei nach dem anderen. Das war traurig. Seither haben wir zum Glück aber schon wieder eine neue Sammlung angelegt. Bei vier Kindern kommt ja eiermäßig einiges zusammen. Ehrlich gesagt sahen die Eier, die ich mit zwei Jahren oder so bemalt habe, auch nicht besonders gut aus. Deshalb ist es eigentlich gar nicht so schlimm.

Wir haben vier Hühner, die Eier in vier verschiedenen Farben legen. Manchmal denke ich, deshalb müssten wir sie eigentlich gar nicht bemalen. Aber dann machen wir es doch. Denn Regenbögen und Schlangen und bunte Punkte können unsere Hühner natürlich nicht auf die Eier zaubern.

Vor Ostern backen wir gern Zitronenplätzchen. Die sind genauso lecker wie die Plätzchen an Weihnachten, schmecken aber viel frischer. Nach Frühling eben. Wir haben ein paar Osterausstecher: ein Kaninchen, ein Ei und einen Vogel. Damit stechen wir jedes Jahr unsere Osterplätzchen aus. (Nur mein kleinerer Bruder, der nimmt gern mal eine Weihnachtsmannausstechform. Darüber regen mein großer Bruder und ich uns immer so richtig auf.) Manchmal bohren wir kleine Löcher in die Plätzchen und hängen sie an einen Zweig. Aber ehrlich gesagt, essen wir die allermeisten gleich auf. Sie schmecken einfach so gut.

Wenn das ganze Haus geschmückt ist, warten wir sehnsüchtig auf Ostersamstag. Da steigt nämlich das große Osterfeuer bei uns hinten auf der Wiese, zu dem immer ganz viele Freunde kommen. Papa und wir Kinder starten früh morgens und bringen mit Opas altem Trecker all die Äste und auch mal eine alte Tür oder einen alten Tisch nach hinten, die verbrannt werden sollen. Außerdem Biertische, Bänke und jede Menge Getränke. Zum Essen bringt jeder etwas mit. Polly und ich haben dieses Jahr kleine Nudelnester für unser Buffet gemacht und die waren so gut, dass alle sie gleich wieder für nächstes Jahr bestellt haben.

Wenn alles fertig ist, oder fast alles, dann fährt Mama mit uns in den Wald, um Moos, kleine Zweige und Steine für unsere Osternester zu su-

Gelegt von Trudi

chen. Wenn wir Glück haben, treffen wir auf der Lichtung mit dem besten Moos, zwischen Birken mit leuchtenden, grasgrünen Blättern und der riesigen, alten Eiche Freunde aus dem Dorf. Das Osternester bauen hat bei uns im Dorf nämlich Tradition. Wenn wir dann im Wald herumlaufen und Fangen spielen, bekomme ich so Lust auf den Frühling und aufs draußen Spielen und all das, dass es richtig im Bauch kribbelt. Und manchmal finden wir sogar kleine Schokoeier im Moos und unter den braunen Blättern vom Vorjahr. (Mama behauptet, die habe der Osterhase beim Üben verloren). Die Nester bauen wir dann auf unserer Holzterrasse und verzieren sie mit den gesammelten Sachen. Und dann kommen endlich die Gäste und die Osterfeuerfeierei kann beginnen.

Letztes Jahr sind wir alle auf den Holzhaufen geklettert, bevor Papa ihn angezündet hat. Das war lustig, weil der wackelige Stapel geschaukelt hat wie ein Boot im Sturm. Und wir hatten eine herrliche Aussicht auf all die Erwachsenen, die unten standen, Bierflaschen und Weingläser in den Händen hielten und miteinander redeten. Auf einem langen Tisch standen bereits Schalen voll mit Essen. Mein großer Bruder entdeckte unter sich, ganz oben auf dem Holzhaufen, einen Stuhl. „Papa! Das ist der weltbeste Stuhl aller Zeiten!", rief er aufgeregt. Und dann erzählte er uns lautstark, was er mit dem Stuhl alles vorhabe (ein neues Bein dranbauen zum Beispiel). Papa unten war ziemlich genervt, weil Mama auch jedes Jahr im letzten Moment irgendwelche Wurzeln oder alte Schranktüren vom Feuerhaufen rettet, weil sie sie doch so schön findet. Und dann liegen sie das ganze Jahr über herum und Papa muss sie nächste Ostern wieder quer über den Hof und auf den Haufen schleppen. Außerdem findet mein großer Bruder neuerdings öfter mal was an einem Tag am weltallerbesten und am nächsten Tag dann richtig doof. Irgendwann stöhnte Papa: „Dann

behalte ihn halt, aber nur wenn du dich jetzt sofort auf ihn draufsetzt." Was haben wir alle gelacht, als mein Bruder versuchte, auf dem wackeligen Holzstapel auf einem dreibeinigen Stuhl zu sitzen. Es war ein bisschen wie im Zirkus.

Viel später, als wir alle dabei waren, uns die Bäuche voll zu futtern, das Feuer schon ziemlich klein war und wir näher heranrückten, weil es in den Frühlingsnächten nämlich noch ganz schön kalt wird, fiel Polly der Stuhl wieder ein. „Mein Stuhl!", rief mein Bruder entsetzt und starrte auf die kleinen Flämmchen über Bergen von steingrauer Asche, die vom lodernden Haufen noch übrig waren. Er hatte den weltbesten Stuhl aller Zeiten auf dem Haufen vergessen. Wir lachten und mein Bruder guckte sauer. Aber zum Glück nicht lange. Die letzten Funken tanzten nämlich so schön vor dem tiefschwarzen Himmel über dem Feuer und wir mit ihnen darum herum, dass bald keiner mehr an den Stuhl dachte.

Am nächsten Morgen gingen wir Eier suchen. Wir fanden welche in unseren Nestern und im restlichen Garten und hinterher färbten wir mit Mama Berge von Eiern (und jedes Jahr ein bisschen den Küchentisch). Und dann durften wir zwei Tage lang so viele Schokoeier essen, wie wir wollten. Mein kleinster Bruder isst immer am allermeisten. Ostern ist wirklich etwas Schönes.

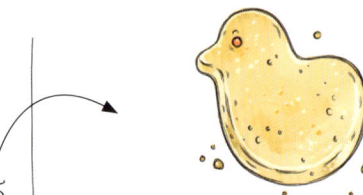

Zitronenplätzchen

Für zwei Bleche voll brauchst du:
- 220 Gramm weiche Butter
- 170 Gramm Zucker
- 1 Ei
- abgeriebene Schale von 1 Bio-Zitrone
- 240 Gramm Weizenmehl (405)
- ½ Teelöffel Backpulver
- Salz
- 1 Esslöffel Milch
- 125 Gramm Puderzucker
- 2 Teelöffel Zitronensaft

Und so geht's: Schlage in einer Schale Butter und Zucker mit dem Rührgerät cremig auf. Gib das Ei und die Milch dazu und rühre es kurz unter. Reibe die Zitrone ab und gib die Schale mit in die Schüssel. Vermische die Hälfte des Mehls mit dem Backpulver und einer Prise Salz. Gib alles mit in die Schüssel und verrühre es kurz. Jetzt rührst du das restliche Mehl unter. Stelle den Teig für eine halbe Stunde in den Kühlschrank. Danach heizt du den Backofen bei 160 Grad Ober- und Unterhitze vor. Rolle den Teig auf ein bisschen Mehl auf dem Tisch aus und steche kleine Plätzchen aus. Backe deine Zitronenplätzchen im warmen Backofen für 10 bis 15 Minuten. Für den Zuckerguss verrührst du den Puderzucker mit dem Zitronensaft und streichst den Guss auf die abgekühlten Kekse.

Tipp: Falls du keine Oster-Ausstechförmchen hast, kannst du auch einfach einen Hasen ausschneiden, ihn auf den ausgerollten Teig legen und mit einem Messer drumherum schneiden.

Nudel-Ei-Nester

Nester passen ja perfekt in den Frühling und diese schmecken mit Sahne und Schinken auch noch wie meine liebste Carbonara-Nudelsoße. Polly und ich essen die Nester warm oder kalt – je nachdem.

Für 12 Nudelnester brauchst du:
- 60 Gramm Parmesan im Stück
- Salz
- 250 Gramm Spaghetti
- 100 Gramm Bio-Schinkenwürfel
- 3 Eier
- 200 Gramm Saure Sahne
- 60 Milliliter Milch
- 4 Halme Schnittlauch, fein geschnitten
- ½ Teelöffel Pfeffer
- 3 Prisen Muskat
- 1 Muffinblech

Und so geht's: Heize den Backofen auf 200 Grad Ober- und Unterhitze vor. Erhitze in einem Topf Wasser mit einer Prise Salz. Wenn es kocht, gibst du vorsichtig die Spaghetti hinein und kochst sie nach Packungsanleitung. Während die Nudeln kochen, reibst du den Parmesan. Pass auf, dass du dir beim letzten Stück nicht die Finger abreibst. (Nasche es lieber!). Wenn die Nudeln bissfest sind, gieße sie vorsichtig in ein Sieb. Vermische in einer Schale die Eier, die Saure Sahne, Milch, Schnittlauch, Pfeffer, Muskat, zwei Prisen Salz und zwei Esslöffel geriebenen Parmesan. Gib die Hälfte der Schinkenwürfel dazu. Gib die Spaghetti mit einer Gabel in die Mulden eines Muffinblechs und drehe sie zu kleinen Nestern. Streue die restlichen Schinkenwürfel auf die Nester. Gieße die Eimasse auf die Nester und streue den restlichen Parmesan darüber. Backe deine Nudelnester bei 200 Grad Ober- und Unterhitze für 20 Minuten. Sie schmecken warm oder kalt.

Nudel-Ei-Nester

Rezept

Spitzenmäßige Spinatnudeln

Mein kleinerer Bruder mag eigentlich keinen Spinat, außer den matschigen mit Sahne aus dem Tiefkühler. Für dieses Gericht matschen wir ihn mit dem Pürierstab einfach selbst. Und statt Sahne kommt köstlich sahniger Frischkäse hinein. Toll ist auch, dass jeder wie er mag Käsekugeln, Pinienkernen oder Cherrytomaten über seine Nudeln streuen kann. Ich mag am liebsten alles auf einmal.

Für 4 Portionen brauchst du:
- 500 Gramm frischen Spinat (oder TK-Blattspinat)
- 400 Gramm Nudeln
- 250 Gramm Frischkäse
- 15 Minimozzarella
- 15 Cherrytomaten
- Pinienkerne (in der Pfanne ohne Fett anrösten. Vorsicht, verbrennen schnell!)
- Salz
- Pfeffer
- Muskat
- 3 Esslöffel Nudelwasser

Und so geht's: Als erstes gibst du den Spinat mit drei Esslöffeln Wasser in einen Topf und erwärmst ihn langsam bei kleiner Hitze. Dabei musst du immer wieder umrühren. Gib drei Prisen Salz dazu. Polly püriert den Spinat gern noch kurz mit dem Pürierstab. Jetzt füllst du reichlich Wasser in einen Topf und bringst es zum Kochen. Vorsicht, heiß! Gib die Nudeln hinein und koche sie nach Packungsanleitung. Gib den Frischkäse zum Spinat und rühre ihn mit drei Esslöffeln Nudelwasser glatt. Würze mit

zwei Prisen Salz, einer Messerspitze Pfeffer und einem halben Teelöffel Muskat. Wasche die Cherrytomaten und schneide sie in der Mitte durch. Auch die Mozzarellakugeln halbierst du.

Wenn die Nudeln bissfest sind, gießt du sie vorsichtig in ein Sieb in der Spüle und gibst sie zur Spinatsoße. Rühre gut um. Jeder nimmt sich Nudeln, legt Mozzarella und Tomaten drauf und wer mag streut geröstete Pinienkerne darüber.

GEHEIMES WISSEN MUSKATNUSS

Ursprünglich kommt die Muskatnuss von den Molukken. Das ist eine Insel-Gruppe, die zum Land Indonesien in Südostasien gehört. Man nennt die Inseln auch die Gewürz-Inseln. Muskat-Bäume können 15 Meter hoch werden – und bis zu 100 Jahre alt. Die Muskatnuss ist der Samen des Muskatbaums. Damit werden zum Beispiel Lebkuchen gewürzt, aber auch Kartoffelgerichte.

Vor vielen hundert Jahren war Muskat in Europa kostbar, weil das bei uns nicht wuchs. Viele europäische Länder schickten daher Seefahrer los, um in fernen Ländern an das Gewürz zu kommen. Zuerst handelten die Portugiesen mit den kostbaren Nüssen, später auch die Niederländer. Um die Preise für das Gewürz so hoch wie möglich zu halten, war den Händlern angeblich jedes Mittel recht. Weil etwas teurer wird, wenn es weniger davon gibt, sollen in Amsterdam manchmal ganze Lagerhäuser angezündet worden sein. Die ganze Stadt soll tagelang nach Muskat gerochen haben. Heute können wir Muskat ganz einfach im Supermarkt kaufen, am besten schmeckt er frisch gemahlen. In der Packung mit den Nüssen ist daher oft eine minikleine Reibe dabei.

Wissen

WAS BEDEUTET EIGENTLICH „KOCHEN"?

Kochen beginnt, wenn Wasser durch Hitze 100 Grad Celsius heiß wird. Dann beginnt es zu sieden. Bei dieser Temperatur steigt die durchsichtige Flüssigkeit langsam als Gas nach oben, was du am Dampf über dem Topf erkennen kannst. Hitze verändert aber nicht nur Wasser, sondern auch Lebensmittel.

Wenn du ein Ei kochst, lässt die Hitze die Wasser-Teilchen im Ei schnell hin und her sausen. Dabei verheddern sie sich immer wieder in den Fäden vom Eiweiß und verknoten diese. Die Erwachsenen nennen das „stocken." Dadurch ist das Eiweiß bald nicht mehr flüssig, sondern fest.

Beim Kochen von Fleisch zerfällt das Kollagen im Fleisch. Das ist das Material, das das Fleisch vorher, wie Mörtel eine Mauer, zusammengehalten hat. Dadurch wird das Fleisch weicher und lässt sich besser kauen.

Bei Lebensmitteln mit vielen Kohlenhydraten (Kartoffeln und Nudeln) lockert das Kochen die vorher fest zusammenhängenden Zellen, sodass die Stärke darin Flüssigkeit aufnehmen kann. Erst gekocht werden diese Lebensmittel genießbar.

Gekocht wird übrigens schon lange - die frühesten Hinweise sind im heutigen Äthiopien gefunden worden. Durch das Kochen wurde Essen nicht nur leckerer, die Hitze tötet auch viele Keime ab, was die Menschen weniger krank machte. Und stell dir vor: Weil die Menschen ab der Entdeckung des Kochens viel weniger kauen mussten, veränderte sich sogar der menschliche Körper. Von Generation zu Generation wurde das Gebiss immer kleiner – wodurch die Menschen immer besser sprechen konnten. Der Mensch ist übrigens das einzige Lebewesen, das kocht.

GEHEIMES WISSEN TOMATEN

Polly und ich lieben Tomaten, am meisten die kleinen und am allermeisten die ganz kleinen. Die besten wachsen bei Opa im Gewächshaus – Tomaten haben nämlich gern ein Dach über dem Kopf.

Tomaten werden am besten getrennt von anderem Gemüse und Obst gelagert. Die roten Früchte enthalten Ethen, welches den Reifeprozess der umliegenden Früchte beschleunigt. Obst und Gemüse werden dadurch viel schneller reif und matschig.

Die Tomate ist weder Gemüse noch Frucht, sondern ein sogenanntes Fruchtgemüse.

Beim traditionellen Tomatenfest ‚Tomatina' in Buñol (Spanien, Region Valencia) bewerfen sich einmal im Jahr eine Stunde lang ca. 20.000 Menschen mit ca. 100.000 Kilogramm Tomaten. Würdest du dort gern mal mitwerfen?

MITMACHGESCHICHTE
HENNI UND HEDI

(Bei Henni aufstehen, bei Hedi hinsetzen)

Henne Henni, ein weißes Leghorn und Henne Hedi, ein braunes Leghuhn lebten in einem kleinen, weißen Stall in einem Garten unter einem alten Apfelbaum. Henni war sehr neugierig, Hedi ein bisschen schüchtern. Sobald Henni Menschen hörte, kam sie sofort angelaufen. Hedi dagegen versteckte sich im Gras. Henni flog manchmal gern über den Zaun, um einen Spaziergang außerhalb der Hühnerwiese zu machen. Hedi wartete dann jedes Mal auf der anderen Seite des Zauns und sah Henni beim Entdecken zu. Während Hedi drinnen ein paar Körner pickte, fing Henni im Salat eine Schnecke. Und während Hedi in der Sandkuhle scharrte, erschrak sich Henni draußen vor dem Pferd auf der Nachbarweide. Hedi konnte es nie erwarten, dass Henni zurückflatterte. Dann machte Hedi „Boak" und Henni „Boak Boak" und dann pickten sie wieder gemeinsam ein paar Körner vom Stallboden. Fast jeden Tag legten sie ein Ei: Hedi ein braunes, Henni ein weißes. Nachts schliefen sie beide auf einer Stange im Stall: Hedi oben links und Henni unten rechts. Beide steckten beim Schlafen ihren Kopf unter einen ihrer Flügel. Sobald morgens die Kinder aus dem rotgeklinkerten Haus am anderen Ende des Gartens mit Frühstückskörnern angelaufen kamen und riefen: „Hedi, Henni!" Und wieder: „Hedi, Henni!", hüpften Hedi und Henni von ihrer Stange, pickten aufgeregt am Kaninchendraht ihres Stalls und hüpften nach draußen, sobald die Tür aufging. Hedi pickte immer erst los, wenn Henni pickte. Beide waren sehr glücklich, in ihrem kleinen, weißen Stall im Garten unter dem Apfelbaum.

GEHEIMES WISSEN
EIER

Nicht an den Federn, aber an der Farbe der Ohrscheibe eines Huhns kann man sehen, welche Farbe die Eier haben, die es legt. Die Ohrscheibe ist der Hautlappen am Ohr. Ist sie weiß, legt es weiße Eier; ist sie rot, legt es braune Eier. Die Farbe entsteht übrigens durch ausgeschiedene Farbstoffe, die sich in der Kalkschale des Eis ablagern.

Willst du mal ganz genau wissen, was in so einem Ei drinsteckt? Das hier: ganz viel Wasser (75 Prozent), ein bisschen Eiweiß (13 Prozent), ein bisschen Fett (11 Prozent), sehr wenig Kohlenhydrate (1,5 Prozent) und ein paar Mineralstoffe (0,5 bis 1 Prozent).

Müssen Eier eigentlich in den Kühlschrank? Wenn die Eier frisch sind, musst du sie nicht unbedingt im Kühlschrank aufbewahren. Die Schale schützt das Ei vor dem Eindringen von Keimen und Bakterien. (Wie ein eigener Schutzanzug, yeah!). Meist gelangen Eier acht bis zehn Tage nach dem Legedatum in den Handel. Je älter aber ein Ei ist, desto durchlässiger wird die Schale. Spätestens ab dem 18. Tag gehören die Eier daher in den Kühlschrank. Um auf Nummer sicher zu gehen und die Gefahr von Salmonellen zu verringern, kannst du die Eier auch unmittelbar nach dem Einkauf im Kühlschrank lagern. Das schadet nicht!

WANZEN-WETTLAUF

Das ist ein super lustiges Spiel, bei dem ich mit Polly schon ein paar Mal lachend ins Gras gefallen bin. Ihr solltet mindestens zu viert sein. Immer zwei Kinder tun sich als Paar zusammen, stellen sich Rücken an Rücken und verhaken ihre Arme ineinander. Jetzt wird so verbunden seitlich um die Wette gelaufen. 3-2-1 - wer gewinnt? Oder wer landet auf dem Po?

Buchen-Butterbrot

Bei uns in der Straße wächst eine riesengroße Buche. Als Polly und ich letztens von uns zu ihr nach Hause geritten sind, hat sie mir erzählt, dass ihre Oma ihr erzählt hat, dass man Buchenblätter essen kann. Ich habe sofort eins gepflückt und abgebissen. Ich kam ja gut dran, weil ich auf Snow saß. Hat ehrlich gesagt eher „ging so" geschmeckt. Wir haben trotzdem ein paar Blätter mitgenommen und von Polly aus nochmal ihre Oma angerufen. Die meinte, wir sollten die ganz frischen Blätter nehmen, sie ganz klein schneiden und auf ein Butterbrot streuen. Das haben wir gemacht – und das war echt lecker!

OSTEREIER AUS PFLANZPAPIER

Dieses Jahr haben Polly und ich ganz besondere Ostereier gemacht. Nämlich welche, die nach Ostern eine bunte Blumenwiese werden. Total spannend. Und man kann sie super verschenken.

DU BRAUCHST:

- Papierreste, weiß oder farbig, zum Beispiel von einem Eierkarton
- Samen für Wildblumenwiesen
- eine Schale mit Wasser
- eine Eier-Ausstechform oder andere Formen
- Küchenpapier

Zupfe die Papierreste in sehr kleine Schnipsel und weiche sie über Nacht in einer Schale mit Wasser ein. Mixe sie am nächsten Tag mit dem Handrührgerät, sodass ein zäher Brei entsteht. Lege deine Ausstechformen auf zwei Stücke Küchenpapier und gib ein wenig Papiermatsch hinein. Drücke den Matsch platt und ziehe die Form vorsichtig ab. Streue deine Samen auf den Papiermatsch, drücke ihn vorsichtig ein wenig fest und lasse deine Eier über Nacht trocknen. Wenn du sie in einen Topf mit Erde legst, ein wenig Erde darauf verteilst und regelmäßig gießt, wächst daraus eine Wiese.

MEINE SEITE

Hier ist Platz für ein Rezept, eine Ostergeschichte oder das schönste Schokoeierpapier.

_____

_____

_____

_____

_____

_____

_____

_____

_____

_____

_____

_____

_____

_____

_____

_____

_____

MAI

Morgens wecken uns die Vögel mit ihrem Gezwitscher.
Die Sonnenstrahlen sind schon richtig warm und nachmittags fahren wir alle
zuammen zum Erdbeerfeld, um die leckersten Früchte der Welt zu pflücken.

AB IN DIE ERDBEEREN

Im Mai wird es dann endlich richtig warm. Polly und ich können bei offener Terrassentür kochen und schnippeln und haben unsere Ruhe, weil mein großer Bruder meist draußen liest und die beiden Kleinen draußen kochen (in ihrer Matschküche). Nur ab und zu kommt einer meiner Brüder barfuß hereingestürmt, guckt was wir machen, verzieht entweder angeekelt das Gesicht oder grabscht mit matschigen Fingern zum Probieren in unsere Schüsseln und Töpfe. Polly und ich können uns nie entscheiden, was nerviger ist.

Wir backen im Mai und Juni übrigens besonders gern, weil Polly und ich beide Erdbeeren lieben. Ich kann wirklich nicht glauben, dass es Menschen gibt, die keine Erdbeeren mögen. Mama ist in der Erdbeerzeit immer viel entspannter und lässt uns viel öfter Ausnahmsweise-Kuchen backen. Weil die Erdbeersaison ja nicht so lange ist. Und wahrscheinlich auch, weil sie selbst so gern Erdbeerkuchen isst. Mama hat uns erklärt, dass wir unbedingt dann Erdbeeren essen sollten, wenn sie bei uns reif sind. Weil sie erstens nur dann richtig lecker sind und weil es zweitens sehr schlecht für die Umwelt ist, sie von woanders einzufliegen.

In der Erdbeerzeit fahren wir mindestens einmal in der Woche zum Erdbeerfeld und pflücken unsere Körbe voll. Einmal wollte Mama mit uns Marmelade kochen, das machen wir immer einmal in der Erdbeerzeit. Bevor wir loslegten meinte sie: „Pflückt, so viel ihr könnt." Und das taten wir wirklich. Polly, mein großer Bruder und ich pflückten 14 Kilo. Mama schlug die erdbeerroten Hände vor dem Gesicht zusammen und meinte lachend, dass sie ab jetzt wohl vorsichtig sein müsse, mit solchen Aufträgen. Sie habe ja keine Ahnung gehabt, wie pflückfleißig wir in einem Jahr geworden seien. 14 Kilo ergaben jede Menge Gläser voll mit Marmelade und außerdem Kuchen und noch jede Menge zum Naschen.

Mein kleinerer Bruder pflückt übrigens immer nur kurz. Er nascht alles, was er gepflückt hat sofort, spielt dann Pferd und hüpft über die Erdbeerreihen. Mama kriegt fast einen Nervenzusammenbruch, weil sie immer Angst hat, dass seine Hufe, äh Füße, Erdbeeren zu Matsch trampeln. Und weil der Aufpasser sowieso immer schon guckt, wenn sie mit ihrer Schar Kinder (also mit uns) aufs Erdbeerfeld marschiert. Außerdem stopft sich mein kleinster Bruder jedes Mal so mit Erdbeeren voll, dass wirklich alles an ihm hinterher erdbeerrot ist. Sogar sein weißblondes Haar. Wir sehen also wirklich ziemlich lustig aus, wenn wir vom Feld kommen.

Während Mama unsere Erdbeeren abwiegen lässt und alles im Kofferraum verstaut, spielen wir Kinder auf der Wiese neben den Erdbeeren Fangen. Wir zeigen uns unsere roten Hände und tun so, als seien wir Monster und das Rote sei Blut. Und obwohl ich natürlich weiß, dass es nur Erdbeersaft ist, habe ich immer Bauchkribbeln vor Aufregung, wenn mein Bruder mit gespreizten Händen kreischend hinter mir herrennt. Immer wenn es gerade besonders lustig ist, kommt Mama mit einem Tuch und wir müssen uns alle die Hände abwischen. Bloß von meinem kleinsten Bruder geht das Rote nie ganz ab.

Ich liebe den Abend, an dem wir Erdbeermarmelade kochen, weil wir ausnahmsweise länger aufbleiben dürfen und alle zusammen in der Küche sitzen und schnippeln und es in der Küche zuckersüß und fruchtig duftet. Letztes Jahr haben mein großer Bruder, Polly und ich ein

paar ganz kleine Marmeladengläser gefüllt und am nächsten Tag einen Erdbeermarmeladenstand oben bei uns an der Straße eröffnet. Weil er so gut lief, wollen wir nächstes Jahr noch mehr Erdbeeren pflücken. Mindestens zwanzig Kilo, haben wir abgemacht.

Wir haben uns kurz gestritten, weil mein großer Bruder behauptete, er hätte am meisten Geld vom Verkauf verdient, weil er die besten Erdbeeren ganz ohne Macken pflücke. Polly und ich waren ziemlich sauer, weil das kein bisschen stimmte und weil es bei Marmelade ja sowieso total egal ist. Da werden die Erdbeeren ja gematscht. Abends zählte mein Bruder aus unserem Kleingeldglas vom Marmeladenverkauf dann aber doch für alle die gleiche Summe ab.

Manchmal kann mein großer Bruder auch richtig nett sein. Dann backt er für uns alle eine Pfannkuchentorte. Die hat er schon als ganz kleines Kind furchtbar gern gemocht und heute kriegt er sie ganz allein hin. Er darf sogar allein die Herdplatte anmachen. Am liebsten stellen wir die fertige Torte, ein paar Teller, eine Flasche Limo und Becher auf ein Tablett und tragen alles ins Spielhaus. Weil wir einmal die Kuchengabeln vergessen hatten, wir also alle mit den Fingern essen mussten und das so lustig war, vergessen wir sie seither extra. Und lachen uns schlapp über unsere Sahnenasen. Hinterher wischen wir Finger und Münder im hohen Gras ab. So kriegt Mama nichts davon mit. „Und die Ameisen haben auch noch was davon", meint mein kleinerer Bruder.

Wissen

Rezept

GEHEIMES WISSEN ERDBEEREN

Ach was: Wusstest du, dass Erdbeeren (wie Wassermelonen!) fast nur aus Wasser bestehen? Ganze 90 Prozent beträgt der Wasseranteil der leckeren Früchte.

Noch verrückter: Aus botanischer Sicht zählt die Erdbeere zu den Nüssen! Man nennt sie auch Scheinfrucht. Die eigentlichen Früchte sind nämlich die kleinen gelben Samen auf der Oberfläche der Erdbeere. Die, die beim Essen manchmal so schön knirschen. Der ursprüngliche Name unserer Gartenerdbeere lautet übrigens „Ananas-Erdbeere". Heute meint man mit dem Namen eine bestimmte Sorte. Die Früchte sind weiß statt rot und haben rote Punkte. Wie Sommersprossen sieht das aus. Diese Erdbeeren schmecken tatsächlich ein wenig nach Ananas.

Ups, ein Erdbeerjoghurt aus dem Supermarkt enthält gerade einmal eine kleine Erdbeere! Reichlich Aroma und Zucker geben ihm den süßen Geschmack. Und für die rosa Farbe sorgt meist ein Rote-Bete-Saftkonzentrat.

Rezept

Ein schnelles Erdbeereis für zwei geht so: Eine Handvoll Erdbeeren für zwei Stunden ins Gefrierfach legen. Gefrorene Erdbeeren im Mixer zerkleinern. Einen halben Becher Sahne und zwei Esslöffel Zucker dazugeben, umrühren, fertig.

Rezept

Pfannkuchen-Torte

Pfannkuchen, Erdbeermarmelade, Sahne und frische Beeren – kann es auf der Welt etwas Besseres geben? Für uns nicht. Nach dem Anschneiden sieht die Torte übrigens immer ziemlich zerwühlt aus. Das macht aber nichts. Sie schmeckt trotzdem köstlich.

Für eine Torte brauchst du:
- 1 Glas Milch
- ½ Glas Wasser
- Salz
- 2 Eier
- 10 Esslöffel Weizenmehl (405)
- 1 Becher Sahne
- 1 Päckchen Vanillezucker
- Erdbeermarmelade
- Erdbeeren und/oder Heidelbeeren
- etwas Öl zum Anbraten

Und so geht's: Verrühre Milch, Wasser, Eier, Salz und zehn Esslöffel Mehl mit dem Handrührgerät. Erhitze ein wenig Öl in einer Pfanne und gib jeweils eine Suppenkelle voll Teig hinein. Backe so etwa zehn Pfannkuchen. Lass die Pfannkuchen abkühlen. Schlage die Sahne mit einem Päckchen Vanillezucker auf. Nimm einen großen Teller und lege einen Pfannkuchen darauf. Streiche Erdbeermarmelade darauf und verteile zwei Esslöffel Sahne darüber. Lege den nächsten Pfannkuchen drauf und bestreiche ihn mit Marmelade und Sahne. Mach so weiter, bis alle Pfannkuchen aufeinander gestapelt sind. Verziere deine Torte oben mit Sahne und frischen Erdbeeren und/oder Heidelbeeren.

GEMÜSERESTE EINPFLANZEN

Wusstest du, dass man aus vielen Gemüseresten neue Pflanzen züchten kann? Das ist unglaublich spannend. Du brauchst bloß ein paar Gemüsereste, Erde, ein paar kleine Steinchen und ein paar Blumentöpfe. Was dann passiert, ist beinahe wie zaubern können. Polly und ich haben es schon mit diesen Resten ausprobiert:

SALAT: Es ist ganz einfach. Behalte die äußeren, sandigen Salatblätter, die du sonst vielleicht in den Bio-Müll werfen würdest und lege sie in eine Schüssel mit ein wenig Wasser. Stelle die Schüssel an einen sonnigen Ort. Feuchte die Blätter hin und wieder ein bisschen an. Nach einiger Zeit sollten an den Blättern Wurzeln wachsen. Dann kannst du sie in einen Blumentopf mit Erde pflanzen.

Beim ROMANASALAT kannst du auch aus dem Strunk eine neue Pflanze züchten. Am Strunk sollten dafür mindestens fünf Zentimeter Blattgrün bleiben. Du stellst den Strunk mit den Blättern nach oben für fünf bis zehn Tage in ein kleines Glas mit Wasser. In dieser Zeit bilden sich unten erste Wurzeln. Danach kannst du den Strunk in einen Topf mit Blumenerde pflanzen und nach einer Weile neuen Salat ernten. Regelmäßig gießen nicht vergessen!

ZWIEBEL: Du brauchst die Wurzel mit einem Finger breit Zwiebel dran. Das kannst du praktischerweise direkt in die Erde pflanzen.

INGWER sieht als Pflanze besonders schön aus, macht sich also auch super als Deko in deinem Zimmer. Und es ist so einfach. Pflanze einfach ein Stück Ingwer in einen Topf mit Erde und gieße regelmäßig. Stelle den Topf an einen warmen Ort, aber nicht direkt in die Sonne.

KOHLRABI: Du brauchst bloß das obere Stück, etwa zwei Zentimeter breit, ohne Blätter. Auch Kohlrabi kannst du direkt in die Erde pflanzen.

MÖHRE: Der Möhrenrest sollte vom Blattansatz etwa drei Zentimeter lang sein. Lege ihn in ein Glas mit Wasser. Der Boden der Möhre sollte gerade so im Wasser liegen. Bereits nach wenigen Tagen wächst neues Grün. Sobald es zu sehen ist, kannst du deine Möhre einpflanzen. Nach zwei bis drei Wochen wachsen Wurzeln und noch mehr Grün. Falls du Kaninchen hast, so wie wir - die lieben das Grün!

BASILIKUM: Super spannend ist es auch, aus einer Basilikumpflanze eine neue zu züchten. Das fand auch Mama besonders gut. Ihr gekaufter Basilikum im Topf geht nämlich immer nach ein paar Tagen ein – und draußen fressen ihn die Schnecken. Pflücke einen etwa fünf Zentimeter langen Trieb, entferne die unteren Blätter. Stelle den Stängel in ein Glas mit Wasser. Nach etwa 15 bis 20 Tagen bildet der Basilikum Wurzeln und kann in einen Topf mit Erde gepflanzt werden.

Tipp: Wichtig ist, dass die Erde deiner Restepflanzen immer feucht ist, weil sie ja keine großen Wurzeln haben. Zu viel Wasser mögen sie aber auch nicht. Vielleicht spendieren deine Eltern dir im Baumarkt einen Beutel Anzuchterde. Damit funktioniert die Reste-Züchterei besonders gut.

Rezept

Gemüsestäbchen

Manchmal, wenn es schnell gehen muss, macht uns Mama Gemüsestäbchen aus der Tiefkühltruhe. Die schmecken okay. Viel besser - und gesünder

– sind unsere selbstgemachten Stäbchen. Die Gemüsezutaten sind übrigens nur Vorschläge. Die Stäbchen sind nämlich super, um Kartoffel- und Gemüsereste vor der Mülltonne zu retten. Polly und ich mögen auch gern: Kohlrabi, Brokkoli oder Blumenkohl. Übrigens kriegen wir es nicht immer hin, dass die Stäbchen richtig schöne Stäbchen werden. Manchmal werden es auch Plätzchen, ähm, oder Haufen. Schmecken aber trotzdem super!

Für 4 Kinder brauchst du:
- **10 mittelgroße Kartoffeln**
- **200 Gramm Tiefkühl-Erbsen**
- **4 große Karotten**
- **Öl zum Anbraten**
- **100 Gramm geriebenen Gouda**
- **2 Eier**
- **100 Gramm Semmelbrösel**
- **Salz**
- **1 Löffelspitze Pfeffer**
- **½ Teelöffel Kreuzkümmel**

Und so geht's: Schäle Kartoffeln und Karotten, fülle die Kartoffeln mit Wasser in einen Topf und koche sie für 25 Minuten, bis sie weich sind. Schneide die Möhren in etwa zwei Zentimeter lange Stücke und koche sie mit den Erbsen für etwa fünf Minuten bissfest. Wenn du Kartoffel und Gemüsereste verwendest, kannst du dir das sparen. Dann machst du einfach so weiter: Matsche die Kartoffeln mit einer Gabel, fülle sie mit Erbsen und Karotten in eine Schale und vermatsche alles grob. Gib den Gouda, die Eier, sowie zwei Prisen Salz, Pfeffer und Kreuzkümmel hinzu und vermenge alles miteinander. Streue die Semmelbrösel auf einen Teller. Nimm mit beiden Fingern etwas Teig (klebt etwas), forme kleine Würste und wälze sie rundherum in Semmelbröseln. Gib drei Esslöffel Öl in eine Pfanne, erhitze das Fett und lege die Stäbchen vorsichtig mit einem Pfannenwender in das Öl. Drücke die Gemüsewürste ein wenig platt und brate sie auf der einen Seite goldbraun. Wende deine Stäbchen vorsichtig mit dem Pfannenwender und brate die andere Seite.

Wissen

GEHEIMES WISSEN KREUZKÜMMEL

Kreuzkümmel, auch Kumin genannt, ist eine zarte, krautige Pflanze, die etwa so hoch wird wie ein mittelgroßer Hund. Die getrockneten Früchte werden schon seit vielen, vielen Jahren als Gewürz genutzt. Man konnte Spuren davon sogar in 3000 bis 4000 Jahre alten Küchenabfällen im heutigen Syrien finden. Absoluter Gewinner ist Kreuzkümmel in Sachen Spitznamen – kein anderes Gewürz hat wohl so viele: Man nannte ihn zum Beispiel in Köln Camijn, in Niedersachsen Kämen oder Haberkümel, in Österreich Kümm und sonst auch noch Gardkarvel, Krämerlaus, Peperkome oder Pfefferkummel.

PS. „Pfefferkummel" sagt Polly jetzt öfter mal zu mir, wenn wir aufeinander sauer sind. Dann muss ich immer so lachen, dass ich ihr gar nicht länger böse sein kann.

Rezept

Spaghettieismuffins

Pollys und mein absolutes Lieblingseis ist Spaghettieis. Was glaubt ihr, wie aufgeregt wir waren, als wir uns eines Abends im Bett überlegt haben, wie toll es wäre kleine Spaghettieiskuchen zu backen. Wir haben dafür einfach unser liebstes Muffinrezept mit einer Creme aus Sahne und Quark kombiniert. Und mit Erdbeeren natürlich. Und dann brauchten wir noch Mamas Kartoffelpresse. Ein Riesenspaß! Und so lecker!

Für 12 Küchlein brauchst du:

Für die Muffins:
• 2 Eier
• 120 Gramm Zucker
• 1 Päckchen Vanillezucker
• 75 Gramm weiche Butter
• 70 Milliliter Milch (9 Esslöffel)
• 170 Gramm Mehl
• ½ Päckchen Backpulver
• Salz
• abgeriebene Schale von einer Bio-Zitrone
• etwa 12 Muffinschälchen aus Papier

Für die Creme:
• 500 Milliliter Schlagsahne
• 1 Päckchen Sahnesteif
• 500 Gramm Magerquark
• 1 Messerspitze Vanilleextrakt
• 2 Esslöffel Puderzucker
• 400 Gramm Erdbeeren
• 50 Gramm weiße Schokolade

Und so geht`s: Heize als erstes den Backofen auf 175 Grad vor. Verrühre Eier, Zucker und Vanillezucker bis sie goldgelb und schaumig werden. Gib Milch und die weiche Butter dazu und rühre wieder. Jetzt sind Mehl, Backpulver, eine Prise Salz und Zitronenschale dran. Streue alles in die Schüssel und verrühre jetzt alles noch einmal kurz. Fülle den Teig in die Muffinförmchen und backe sie für 15 bis 20 Minuten im heißen Ofen. Lass die kleinen Kuchen gut abkühlen.

Für die Creme schlägst du die Sahne mit dem Vanilleextrakt und dem Sahnesteif auf, gibst den Quark und zwei Esslöffel Puderzucker dazu und verrührst alles kurz. Putze die Erdbeeren und schneide sie in kleine Stücke. Fülle die Creme in eine Kartoffelpresse und drücke sie vorsichtig auf die Muffins. (Am besten lässt du dir von jemandem helfen, der die Muffins dreht.) Gib auf jeden Kuchen eine Handvoll kleine Erdbeerstücke und raspele ein wenig weiße Schokolade darüber.

Tipp: Falls du keine Lust auf eine Kartoffelpresse hast (oder Mama keine auf Schweinerei), dann kannst du die Creme auch einfach mit einem Löffel auf den Muffins verteilen.

EIN ERDBEERJAHR

Erzählt von
Diedrich Untiedt
vom
Erdbeerhof
Glantz

Guten
Herbst- und
Winterschlaf!

1. Das Erdbeerjahr startet im Herbst mit dem Abschneiden der neuen Erdbeerpflanzen von den alten. Bei den kleinen Ablegern werden fast alle Blätter gestutzt. Sie kommen in eine Kiste.

2. Die Ableger ruhen dann mehrer Monate im Kühlhaus.

3. Im Mai werden die Pflänzchen aus der Kühlung geholt, schnell verladen und aufs Feld gefahren. Sie dürfen es nicht zu warm haben, sonst wachsen sie einfach irgendwo los...

4. Auf dem Feld wird jede Kiste ins Wasser getaucht. Dann werden alle Pflanzen mit der Hand eingepflanzt: 30.000 Pflanzen pro Hektar (das ist etwas größer als ein Fußballfeld). Früher wurden die Pflanzen mit einer Maschine eingepflanzt. Heute pflanzt man sie auf angehäufelte Erde mit einem Schlauch darin, der Wasser zu den Wurzeln transportiert. Oben kommt eine Folie gegen Unkraut drüber. Der Pflanzer bohrt also für jede Erdbeerpflanze ein Loch in die Folie.

5. Acht Wochen später kann man ernten. Gespritzt werden nur Mittel gegen Pilze (Mehltau) und auch nur auf die Blüte, sobald Früchte da sind, wird nicht mehr gespritzt.

Hier kommt die Superbeere!

6. Vier bis fünf Wochen trägt jede Pflanze. Zwischen den Erdbeerenpflanzen säe ich übrigens Gras gegen das Unkraut. Das Gras mähe ich regelmäßig.

Mit 28 Millimetern Durchmesser sind wir die Stars im Supermarkt.

7. Ich lasse die meisten Erdbeerpflanzen stehen und ernte sie im nächsten Jahr noch einmal ab. Manchmal sogar noch im übernächsten. Die Erdbeeren werden von Jahr zu Jahr kleiner.

8. Die Erdbeerhöfe, die für Supermärkte produzieren, knipsen im ersten Jahr oft die Blüten ab, damit die Kraft in die Pflanze geht. Geerntet wird im Jahr darauf nur einmal, dafür aber ganz besonders große Erdbeeren.

9. Bei den Erdbeerpflanzen, die fürs nächste Jahr stehen bleiben, mähe ich die Blätter ab, nachdem wir Ableger abgeschnitten haben. So kommen sie ohne Pilze durch den Winter.

10. Ich mag übrigens die Sorte „Malwina" am liebsten. Die hält sich aber nicht lange und ist daher nicht gut für die Supermärkte geeignet. Die Erdbeerzüchter müssen sich immer entscheiden: entweder gut im Geschmack oder gut für den Transport. Oder von beidem ein bisschen. Die leckersten Erdbeeren pflückt ihr frisch auf dem Feld.

MEINE SEITE

Hier ist Platz für ein Rezept, eine Frühlingsgeschichte – oder ein paar Erdbeerflecken.

JUNI

Morgens werden wir wach, weil uns Sonnenstrahlen
in der Nase kitzeln. Gleich nach der Schule geht's runter zum Strand
und abends will es gar nicht dunkel werden.

PICKNICK AUF BÄUMEN

Wir haben großes Glück, denn ganz bei uns in der Nähe ist ein Strand. Wir müssen nur über den Hof gehen und über eine große Straße, den Deich hinauf und wieder hinunter. Dann über eine große Wiese und schon sind wir an der Elbe. Die hat lauter kleine Buchten. Wenn Flut ist, ist der Strand nur eine Schaufel breit, aber bei Ebbe haben wir riesig viel Strand. Überall liegen kleine Krebse, Algen und Elbschlamm herum. Eine ziemliche Schweinerei findet Mama. Wir Kinder finden es super, weil man hinterher hübsche grüne Füße hat.

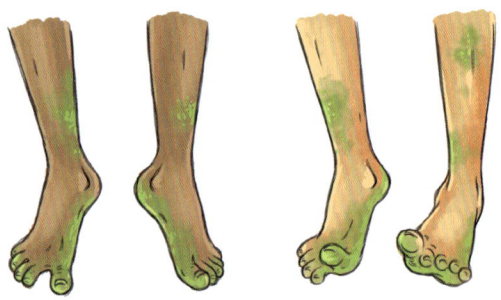

Im Sommer packen wir mindestens einmal in der Woche nachmittags vier Schaufeln und eine Decke ein und laufen runter zur Elbe. Manchmal schmieren Polly und ich vorher Brote oder machen Colddogs (was das ist, steht auf Seite 66), die wir dann mit an den Elbstrand nehmen. Mein Bruder mag Colddogs so gern, dass er Polly und mir immer alles verspricht und erlaubt, wenn wir sie für ihn machen. Er lässt uns dann in seiner Comic-Sammlung stöbern oder mit sich Fußball spielen. Oder er verspricht, dass wir den Film am Samstagabend aussuchen dürfen. Da dürfen wir nämlich immer etwas gucken. Leider hat er das an den Samstagabenden meist schon wieder vergessen. Deshalb ist es immer besser, wenn wir frühestens donnerstags Colddogs für ihn machen. Man kann Colddogs natürlich immer essen, aber im Sand oder im Gras schmecken sie am allerbesten.

Wenn wir keine Zeit zum Backen haben, dann wünsche ich mir von Mama immer das Brot von unserem Lieblingsbäcker. Das ist ein Sauerteigbrot, sagt Mama. Ich finde, das klingt eklig, aber Mama hat mir erklärt, warum das so heißt (siehe Info auf Seite 66).

Stell dir vor, einmal, als wir gerade mit einer Freundin von Mama und deren Kindern am Elbstrand waren, kam plötzlich eine Herde Kühe auf uns zu gerannt. Es sind öfter Kühe bei uns am Strand, weil die Bauern sie dort laufen lassen. Sonst grasen sie aber immer weit weg am anderen Ende der riesigen Weide. Dieses Mal aber kamen sie mit Karacho angesaust, direkt auf uns zu. Da sind wir aber auch gesaust, sage ich dir. Mama lief voran und kletterte auf einen Baum, der vor vielen Jahren mal an der Elbe umgekippt ist und seither dort herumliegt. Wir anderen hinterher. In der linken Hand trug Mama unseren Picknickkorb und rechts unterm Arm meinen kleinen Bruder, der damals noch wirklich klein war. Mein Freund Fjonn, der Sohn von Mamas Freundin war als einziger auf einen anderen Baum geklettert. Wir hockten also alle auf dem umgestürzten Baum, Fjonn uns gegenüber. Die Kühe schnaubten und schnupperten an unseren Füßen und mein Herz klopfte wie verrückt. „Geht's dir gut?", riefen wir Fjonn zu. „Geht so. Ich habe Hunger!", rief Fjonn zurück. „Wenn es weiter nichts ist!", rief meine Mutter und warf ihm einen Colddog aus dem Picknickkorb rüber. „Geht's dir auch wirklich gut da drüben?", rief ich. Fjonn saß da auf seinem Ast, den Rücken an den dicken Stamm gelehnt, baumelte mit den Beinen, aß und rief mit vollem Mund: „Eigentlich geht's mir fabelhaft!"

Als die jungen Kühe allerdings nach über zwei Stunden immer noch unter uns schnauften, fand ich das alles nicht mehr fabelhaft. Mama auch nicht, das spürte ich. Wir waren alle ganz leise. Mama und ihre Freundin hatten schon mehrmals versucht, Papa per Telefon zu erreichen. Aber dort unten an der Elbe war schlechter Empfang. Ich hatte schon überlegt, ob wir vielleicht dort auf dem Baum schlafen müssten und fand die Vorstellung zum Heulen. Doch dann konnten wir uns schließlich doch befreien. Eigentlich war es mein kleinerer Bruder, der das tat. Er schrie irgendwann einmal kurz laut, wahrscheinlich, weil ihn eine Kuh mit ihrem kleinen Horn am Fuß gekitzelt hatte. Aber stell dir vor, alle Kühe rannten plötzlich schnaufend los. Mit Karacho und lautem Hufgeklapper ans andere Ende der Weide. Genauso schnell, wie sie gekom-

men waren. Wir kletterten alle schnell herunter, sammelten Schuhe und Decken ein und rannten über die Weide bis zum Zaun. Nur Fjonn nicht, der war tatsächlich auf seinem Ast eingeschlafen. Es brauchte drei schrille Pfiffe von Polly, um ihn wieder zu wecken.

Wenn es auch abends endlich wärmer wird, dürfen wir unser großes Zelt im Garten aufbauen und ein paar Freunde zur Übernachtungsparty einladen. Wir haben ein wirklich großes Zelt, das aussieht wie ein Tipi. Es ist aus Leinen und sogar Papa kann in der Mitte aufrecht stehen, so hoch ist es. Mama mag eigentlich kein Zelten, aber unser Zelt mag sie schon, weil es nicht nach Gummi riecht. Ich mag Zelten immer. Ich habe jedes Mal Kribbeln im Bauch vor lauter

Sommeraufregung, wenn wir die kreisrunde Plane auf dem Rasen ausbreiten, auf der wir immer das Zelt aufbauen. Wenn dann die Mittelstange steht, kann ich nicht anders und muss mit meinen Brüdern im Kreis im Zelt herumrennen. Den anderen geht's immer genauso und wir rennen und kreischen laut drinnen, bis Papa von draußen motzt, wir sollten doch bitte rauskommen und ihm helfen, die Heringe hineinzustecken.

Die erste Nacht im Zelt schlafen wir meistens alle zusammen darin, also auch Mama und Papa. Es sieht immer so lustig aus, wenn Mama ihre und Papas Decken und Papas Rückenkissen und Mamas Nackenkissen im Arm in den Garten balanciert. Papa schleppt sogar meist noch eine Matratze rein, weil er sonst nicht schlafen kann. Wir Kinder liegen auf Isomatten und Luftmatratzen und können wunderbar schlafen – wollen es aber gar nicht, weil es einfach so aufregend ist, nachts im Garten zu liegen. Papa liest meistens noch etwas vor und Mama erzählt eine Geschichte und dann schlafen wir irgendwann doch alle ein, obwohl mein kleinster Bruder laut schnarcht und es draußen knistert und knackt.

Die nächste Nacht ist dann auch immer lustig, weil Mama und Papa wieder ins Schlafzimmer ziehen und wir mit unseren Freunden draußen schlafen. Erst machen wir eine richtig wilde Kissenschlacht und dann machen wir es uns mit Decken und Kissen gemütlich. Manchmal erzählen wir uns Geschichten, bis es schon fast wieder hell wird. Ich finde es so schön, wenn morgens die Sonne durch die Zeltwand leuchtet. Manchmal rührt Mama abends mit uns noch schnell einen Brötchenteig an. Die Brötchen backt sie morgens und stellt sie uns vors Zelt. Und dann dürfen wir gleich nach dem Aufwachen lauwarme Schokobrötchen vor dem Zelt essen, nur die Krümel müssen draußen bleiben. Das ist Mamas Schokobrötchen-Bedingung.

Einmal wollten wir unbedingt noch einen Film mit unseren Freunden gucken, weil es doch Samstag war. Mama und mein großer Bruder haben ziemlich laut diskutiert, weil Mama meinte, Freunde seien ja wohl wichtiger als Fernsehen und mein Bruder meinte, Freunde seien ihm wichtig, aber Fernsehen eben auch. Papa wollte uns auf keinen Fall einen Computer mit rausgeben, weil er behauptete, wir würden ihn ganz sicher kaputt machen. Als die Stimmung echt mies und ich deswegen ein bisschen traurig war, meinte Mama plötzlich, sie habe eine Idee.

Sie knotete im Dunkeln ein Laken hinten im Garten in die Büsche und gab uns allen eine Taschenlampe. Dann breitete Mama eine Decke vor dem Stück Stoff in den Büschen aus, wir setzten uns alle darauf, machten die Taschenlampen an und leuchteten das Laken damit an. Und dann ging es los: Kleine Fliegen tummelten sich vor dem Laken, Schnaken und kleine und große Falter. Manchmal flogen die Falter gegeneinander und es rumste. Es war richtige Insekten-Action.

REGENKONZERT

Dauerregen ist doof, aber so ein richtig kräftiger Sommer-Schauer ist super, finden Polly und ich. So super, dass wir sogar ganz gerne darin herumspringen. Einmal haben wir uns aus der Küche jede Menge Töpfe und Schalen geliehen und sie draußen auf dem Rasen umgedreht aufgestellt. Und stellt euch vor, da hat der Regen ein Konzert für uns gegeben: Pladder-pladder-tropf-tropf-blubb-blubb-wumms-wumms. Das war laut – und richtig cool.

AM 5. JUNI IST TAG DER UMWELT

Natürlich sollten wir uns jeden Tag Mühe geben, die Umwelt zu schützen. Dennoch schadet es nicht, wenn du dir für diesen Tag etwas Besonderes in Sachen Umweltschutz ausdenkst. Vielleicht veranstaltest du mit deinen Freunden einen Müll-sammel-Nachmittag? Ihr könntet mit Handschuhen und einem großen Sack herumgehen und alles einsammeln, was nicht in die Natur gehört. Oder ihr baut gemeinsam ein Insektenhotel? Im Internet gibt es viele Anleitungen dafür. Vielleicht versucht ihr als Familie auch mal, eine Woche möglichst kein Plastik zu kaufen. Ganz wichtig: Erzähle hinterher möglichst vielen Leuten von deiner Idee, damit immer mehr Menschen die Umwelt nicht nur am 5. Juni, sondern auch die restlichen 364 Tage im Jahr, schonen.

Bunter Salat (mit Superdressing)

Seit wir ihn uns selber machen, mögen Polly, meine Brüder und ich viel lieber Salat. Besonders gern essen wir ihn mit diesem Dressing, das wir mal im Urlaub in einem Restaurant probiert haben. Zum Glück hat sich mein großer Bruder getraut, für uns in der Restaurantküche nach dem Rezept zu fragen. Eigentlich hatten wir uns geschworen, dass es unser Geheimnis bleibt, aber dir verraten wir es ausnahmsweise.

Für 4 Personen brauchst du:

Für den Salat:
- 1 Salatkopf
- 1 Gurke
- 250 Gramm Kirschtomaten

Für das Dressing:
- 4 Esslöffel Joghurt
- 4 Esslöffel Orangensaft
- 2 Esslöffel Worcestersoße
- ein paar klein geschnippelte Minzblätter
- 4 Prisen Salz
- 2 Prisen Pfeffer

Und so geht's: Mische einfach alles in einem sauberen Marmeladenglas, drehe den Deckel zu, schüttele kräftig und gieße das Dressing dann über deinen Salat aus grünen Blättern, Tomaten- und Gurkenscheiben. Lecker und so gesund!

Wissen

GEHEIMES WISSEN BROT

Brot gibt es wirklich schon irre lange. Schon in der Steinzeit begannen die Menschen damit, Getreide anzubauen. Das war vor ungefähr 11.000 Jahren. Die ersten Ackerbauern pflanzten Einkorn und Emmer an, die Vorfahren unseres Weizens und aßen die Körner zunächst roh. Irgendwann kamen sie auf die Idee, die Körner zu zerstoßen und mit Wasser zu vermischen. Vermutlich durch Zufall landete diese Körnermasse irgendwann einmal auf einem heißen Stein am Feuer und wurde – Überraschung! – das erste Brot aller Zeiten. Okay, es war mehr ein Fladen. Er ging auch nicht auf und war ziemlich hart. Aber er war haltbar und man konnte ihn auch mit auf die Jagd nehmen.

Das erste „richtige" Brot backten dann wohl die alten Ägypter. Die waren sowieso richtige Supererfinder. Sie bauten die ersten Bäckereien, erfanden Öfen und backten Brot in erhitzten Tontöpfen. Rund 6000 Jahre ist das her!

Vor allem aber entdeckten die Ägypter, wie Brot fluffig wird – indem man den Teig nämlich stehen und somit gehen lässt. Winzige Hefepilze und Milchsäurebakterien, die ganz natürlich in der Luft vorkommen, sorgen für die sogenannte Gärung: Sie vermehren sich im Teig, setzen dabei Kohlendioxid frei und lockern auf diese Weise den Teig. Ob das wohl auch durch Zufall entdeckt wurde, weil ein Bäcker eine Schale mit Teig vergaß, sich nicht traute, etwas zu sagen und den Teig einfach am nächsten Tag mitbackte?

Rezept

Kinderleichte Quarkbrötchen

Ich kenne wirklich kein Kind, das diese Brötchen nicht liebt. Auch gut ist, dass man sie super abends machen, auf ein Blech legen, in den kalten Ofen schieben und morgens fix zum Frühstück backen kann. Macht mächtig Eindruck, wenn man seine Familie damit überrascht.

Für 10 - 12 Brötchen brauchst du:
- 150 Gramm Quark
- 6 Esslöffel Milch
- 6 Esslöffel Öl
- 1 kleines Ei
- 80 Gramm Zucker
- 1 Päckchen Backpulver
- 1 Teelöffel Salz
- 300 Gramm Dinkelmehl

Für obendrauf:
- 2 Esslöffel Milch
- 1 Esslöffel Haferflocken
- 1 Esslöffel Mohn

Und so geht's: Vermenge für die Brötchen alle Zutaten in einer Schüssel mit einem Handrührer. Knete den Teig danach noch einmal mit den Händen durch. Forme kleine Kugeln und lege sie auf ein Backblech. Bestreiche die Brötchen mit einem Backpinsel mit ein wenig Milch, bestreue die eine Hälfte mit ein paar Haferflocken und die andere mit Mohn und backe sie bei 200° Grad im Backofen goldbraun.

Wissen

Das knusprige Äußere eines Brötchens nennt man Kruste. Das hast du bestimmt schon mal gehört, oder? Aber weißt du auch, wie man das weiche Innere nennt?

Krume!

Kinderleichte Quarkbrötchen

Nachgefragt

Rezept

Rezept

IST SAUERTEIG WIRKLICH SAUER?

Sauerteig ist tatsächlich sauer. Also er wird es. Er besteht aus Hefe, Milchsäurebakterien, Mehl und Wasser. Hefe sind winzig kleine Pilze, die du nur unter dem Mikroskop sehen kannst. Gibt man Zucker zur Hefe, gärt sie und bildet CO_2, ein Gas, das den Teig aufgehen lässt. Die Milchsäurebakterien im Sauerteig machen aus der Stärke im Mehl Milchsäure, die den säuerlichen Geschmack macht. Das schmeckt lecker und herzhaft, nur wenn Sauerteig zu lange gärt, wird er zu sauer und schmeckt nicht mehr.

Wenn wir selbst Brot backen, schmeckt das auch richtig gut. Allerdings so richtig gut nur am ersten Tag. Am zweiten Tag mag ich unser Brot nur noch getoastet, danach eigentlich nicht mehr. (Meistens ist dann bei uns zum Glück sowieso nichts mehr übrig). Weil Mama auch nicht so genau wusste, warum das Bäckerbrot länger gut schmeckt, haben wir auch das im Internet nachgeguckt. Und tatata, das Geheimnis ist mal wieder der Sauerteig. Weil Bäckerbrote nämlich in den allermeisten Fällen mit mehr Sauerteig gebacken werden, halten die Brote länger. Brote mit hellem Mehl halten sich übrigens am kürzesten frisch, richtig gesunde Schrot- und Vollkornbrote können bis zu neun Tage essbar bleiben.

Strand-und-Schwimmbad-Brote

Ich mag am liebsten eine Scheibe Sauerteigbrot, Butter und ein Spiegelei drauf, Scheiben von einer Tomate, Kresse, Schnittlauch, Salz und Pfeffer.

Mein kleinerer Bruder liebt Erdnussbutter mit Bananenscheiben auf seinem Brot. Und du?

Polly liebt: Colddog

Das Beste daran ist, dass man endlich mal alles innen aus den Brötchen herauspulen darf, was sonst bei uns streng verboten ist. Und dass man die Brote gut am Abend machen und in den Kühlschrank stellen kann. Dann kann man am nächsten Tag gleich nach der Schule los...

Für 2 Personen brauchst du:
- **2 Laugenstangen**
- **1 Stück Salatgurke**
- **100 Gramm Fleischwurst**
- **100 Gramm Kräuterfrischkäse**
- **Schnittlauch**
- **Salz**

Und so geht's: Schneide beide Enden der Laugenstange ab und hole das Innere mit einer Gabel heraus. Diese Krume in kleine Stückchen schneiden. Salatgurke schälen, waschen, trocken tupfen und in feine Stückchen schneiden. Fleischwurst in kleine Würfel schneiden.
Eine Prise Salz, Salatgurke, Wurst, Schnittlauch und Brotkrume mit dem Kräuterfrischkäse verrühren. Die ausgehöhlte Laugenstange damit füllen und in kleine Stückchen schneiden.

Tipp: Wenn du die Colddogs für den nächsten Tag vorbereitest, wickele sie im Ganzen in Frischhaltefolie und lagere sie über Nacht im Kühlschrank.

Polly schneidet beim Brote
Schmieren übrigens immer
am liebsten das Brot
und ich schmiere sie. Manchmal
schmieren wir uns einen ganzen
Stapel und futtern ihn
irgendwo draußen auf.
Butterbrote schmecken nämlich
viel besser, wenn man sie
draußen isst, finde ich.
Die Stullen, Polly und ich
sind echt ein gutes Team.

Wissen

GEHEIMES WISSEN SCHNITTLAUCH

Schnittlauch nannte man früher auch Grusenich, was herrlich nach gruseln klingt. Dabei ist Schnittlauch echt eines der Kräuter, das bei uns alle Kinder mögen. Den knabbern wir manchmal sogar direkt im Beet. Mama freut sich dann. Je mehr man nämlich vom Schnittlauch abschneidet, desto stärker wächst er nach. Schnittlauch passt super in Salatdressings, Kräuterbutter und in Quark. Stellt euch vor, im Mittelalter behandelte man Schlangenbisse mit Schnittlauch!

Rezept

Schnittlauchbrot mit Butter

Mama hat mir erzählt, dass viele Starköche in Interviews immer sagen, dass sie trotz der tollen Speisen, die sie jeden Tag essen, am allerliebsten ein Butterbrot essen. Das finde ich lustig – und kann es ziemlich gut verstehen. Weil ein Butterbrot immer nach Fangen spielen in der Pause und Ausflügen schmeckt. Und weil es sich immer ein bisschen nach umarmt werden anfühlt, wenn einem einer ein Butterbrot schmiert. Im Frühling streuen Polly und ich gern noch klein geschnippelten Schnittlauch auf unser Butterbrot oder eine Butterbretzel. Köstlich!

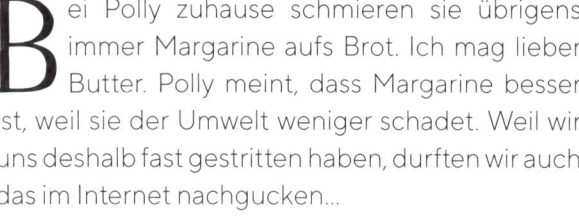

Bei Polly zuhause schmieren sie übrigens immer Margarine aufs Brot. Ich mag lieber Butter. Polly meint, dass Margarine besser ist, weil sie der Umwelt weniger schadet. Weil wir uns deshalb fast gestritten haben, durften wir auch das im Internet nachgucken...

BUTTER ODER MARGARINE – WAS IST BESSER?

Lange Zeit war Margarine der Butterersatz für arme Leute. Dann war es plötzlich schick Margarine zu essen. Fakt ist: Beide enthalten bei vollem Fettgehalt etwa gleich viel Fett. Butter ist allerdings ein Naturprodukt, was einige Menschen besser finden. Margarine dagegen ein verarbeitetes Produkt. Die Hersteller von Margarine können also Emulgatoren, Konservierungsmittel, Farbstoffe, Aromen und künstliche Vitamine untermischen, die wir Menschen nicht brauchen. Vor allem die preiswerte Margarine wird in der Regel aus minderwertigem Sonnenblumenöl hergestellt. Dieses Öl weist eine sehr ungünstige Fettsäurezusammensetzung auf, weshalb wir es möglichst wenig essen sollten. Butter gilt aufgrund der Zusammensetzung der Fettsäuren als leichter verdaulich. Und enthält von Natur aus die Vitamine D, A, E und K. Was die Umwelt betrifft, belastet die Herstellung von Margarine die Natur weniger als die von Butter. Kühe fressen nämlich nicht nur Gras, sondern oft viel Sojakraftfutter. Das wird meist in Südamerika angebaut. Es den weiten Weg zu uns zu bringen, ist sehr umweltschädlich. Noch dazu wird für die Anbauflächen oft Regenwald abgeholzt. Außerdem pupsen Kühe Methan – was die Schutzschicht unserer Erde kaputt macht. Margarine kann allerdings Palmöl enthalten – auch dafür wird oft Regenwald vernichtet. Nicht in jeder Margarine ist Palmöl drin. Ob es enthalten ist, kann man aber leider nicht auf den ersten Blick erkennen. Es versteckt sich meist in der Zutatenliste als „Pflanzliche Öle und Fette". Zusammengefasst muss jede Familie entscheiden, ob Butter oder Margarine die richtige Wahl ist – je nachdem, welche Eigenschaften einem besonders wichtig sind und was einem besser schmeckt. Zuviel sollte man von beidem nicht essen.

Bastelidee

BLUMENBILDER HÄMMERN

Malen kennt ihr, Blüten pressen und aufkleben sicher auch. Aber hast du schon mal ein Bild gehämmert? Das macht irre viel Spaß – und sieht ganz toll aus! Achte bloß drauf, dass du nicht auf eurem guten Esstisch loslegst – sonst werden Mama und Papa bombastisch sauer.

DU BRAUCHST:

- Blüten oder Blätter
- Papier
- Hammer
- einen harten Untergrund, der nicht kaputt gehen kann
- Küchenrolle
- Schere
- eventuell Haarspray

UND SO GEHT'S: Schneide die Stiele von den Blüten vorsichtig mit der Schere ab. Verteile die Blüten so auf deinem Papier, dass es hübsch aussieht. Lege jetzt zwei Lagen Küchenpapier über die Blüten. Haue dann mit dem Hammer durch das Küchenpapier auf die Blüten ein, bis dir der Abdruck auf dem Papier gefällt. Schlage nicht buff-buff, sondern mit Gefühl, um alle Teile der Blüte zu erwischen. Wenn du deinen Abdruck hinterher mit Haarspray fixierst, bleicht er nicht aus.

Tipp: Nicht jede Blüte ist gleich gut fürs Hämmern geeignet. Super sind Blüten, die viel Farbstoff enthalten. Hortensien, Iris, Geranien und Löwenzahn haben bei Polly und mir super funktioniert.

Rezept

Radieschen mit Mütze

Radieschen können ganz schön scharf sein. Meine Oma hat mir aber gezeigt, wie sie sie früher als Kind immer gegessen hat und so mag ich sie auch. Du wäscht dafür das Radieschen und schneidest die Spitze ein wenig ab. Schneide es mit einem Messer vorsichtig ein und gib einen Klecks Butter darauf. Das sieht aus wie eine Mütze. Noch ein bisschen Salz drauf. Lecker!

Spiel

SACHENSUCHER-BINGO

Für dieses Spiel solltet ihr mindestens zu viert sein. Schreibt zunächst eine Liste von Dingen auf, die bei euch in der Gegend draußen vorkommen. Zum Beispiel: Feder, Haselnuss, Tannenzapfen, Nacktschnecke, Eichenblatt. Schreibt die Liste schnell noch einmal ab und teilt euch in zwei Gruppen auf. Jede Gruppe bekommt einen Zettel und sucht los. Wer zuerst alles von der Liste gefunden hat, hat gewonnen.

MEINE SEITE

Hier ist Platz für ein Lieblingsrezept, eine Geschichte oder ein paar gepresste Blüten.

JULI

Endlich ist Sommer! Die Tage sind herrlich lang und wir ernten
frisches Gemüse, machen Lagerfeuer und gehen angeln.
Zwischendurch wetten wir, wer mehr Mückenstiche hat: Polly hat 7 und ich 11.

HER MIT DEM JUNGEN GEMÜSE

Im Juli haben Polly und ich irre viel zu tun, weil es so viel frisches Gemüse und Obst gibt, dass wir am liebsten jeden Tag etwas Neues ausprobieren wollen. Polly kommt mindestens einmal in der Woche gleich nach der Schule mit zu mir. Wir überlegen uns dann immer schon vorher, was wir kochen wollen und schreiben die Zutaten mit auf Mamas und Papas Einkaufszettel. Und dann legen wir sofort los, wenn wir zuhause sind.

Wir haben uns vorgenommen, immer mindestens ein Gemüse in unsere Rezepte mit einzubauen. Weil das ja echt gesund ist und weil es im Juli einfach so viel frisch gibt und weil es außerdem irre spannend ist, aus Gemüse etwas Leckeres zu machen. Besonders spannend ist es bei Brokkoli oder Kohlrabi oder so. Das ist dann echt ein bisschen wie bei Rumpelstilzchen, meint Polly. Da wird ja auch aus Stroh Gold gemacht. Erst gucken meine Brüder bei unseren Gemüsegerichten immer komisch. Aber dann wollen sie doch meist probieren, weil es so gut duftet.

Wir machen zum Beispiel gern Gemüsestäbchen oder überbackenen Brokkoli (Seite 55 und 75). Das geht total leicht und ist lecker. Die Gemüsestäbchen mag sogar mein kleinerer Bruder, dabei ist der in Sachen Gemüse eine echte harte Nuss.

So richtig spannend wird es, wenn wir unsere eigenen Kartoffeln ernten dürfen. Mama und Papa haben es noch nicht geschafft, ein paar Hochbeete zu bauen, aber Kartoffeln wachsen zum Glück auch in großen Plastikblumentöpfen. Das Tolle ist, dass wir die Töpfe einfach umkippen können und mit der Erde purzeln dann auch die Kartoffeln raus. Jedes Mal ganz viele. Und ich sage euch, die schmecken wirklich besonders gut.

An einem Nachmittag haben wir meinen Freund Fjonn und ein paar andere Freunde zum Kartoffelfest eingeladen. Da gab es köstlich gebackene Kartoffeln, die wir Ritterkartoffeln nennen. Sie sehen wirklich aus, als hätte ein Ritter mit seinem Schwert immer wieder auf die Kartoffel eingeschlagen. Und so ähnlich machen wir sie wirklich. Abends hat Papa ein Feuer für uns angezündet und wir haben unsere letzten Kartoffeln darin geröstet. Mama hat uns dabei eine Geschichte von Kaiser Friedrich erzählt. Der hat vor vielen Jahren die Menschen mit einem Trick dazu gebracht, Kartoffeln zu essen. Die wollten das nämlich zuerst nicht. Und darum hat der Kaiser die Kartoffeln angeblich auf dem Acker von Soldaten bewachen lassen und die Menschen damit so neugierig auf die scheinbar wertvolle Pflanze gemacht, dass plötzlich alle Kartoffeln haben wollten. (Auf Seite 78 kannst du die ganze Geschichte lesen). Ich habe Mama sofort vorgeschlagen, dass sie meinem kleineren Bruder auch einfach mal sagen könnte, das Gemüse wäre nur für sie und Papa. Vielleicht würde er es dann essen. Sie hat gelacht und gemeint, dass sie das vielleicht tatsächlich mal ausprobiert.

Die Erde aus den Kartoffeltöpfen schnappen sich immer meine beiden kleinen Brüder für ihre Regenwurm-Farm. Die haben sie bereits letztes Jahr eröffnet, weil sie unbedingt Haustiere wollten und wir Mama und Papa noch nicht genug überredet hatten. Jetzt haben wir ja vier Hühner und drei Ka-

ninchen – aber die Regenwurmfarm gibt's trotzdem noch. Meine Brüder füttern ihre Regenwürmer regelmäßig mit alten Blättern und veranstalten Buddelwettkämpfe. Dafür graben sie zwei Regenwürmer aus und beobachten dann, welcher sich am schnellsten wieder einbuddelt. Der hat gewonnen. Mein ganz kleiner Bruder nennt Regenwürmer immer Buddels, was ich ziemlich passend finde.

Letztes Jahr im Juli hat Mama mit uns eine alte Freundin von sich besucht und wir sind mit ihr und ihrem Mann und ihren Kindern angeln gegangen. Sie haben dafür einen eigenen kleinen See hinter dem Haus. Man darf nämlich nicht einfach so irgendwo angeln, sondern braucht einen Angelschein. Polly durfte auch mitkommen auf unseren Angel-Ausflug. Das war irre span-

nend, weil ich immer Angst hatte, dass wir einen Fisch fangen. Und dann wieder Angst, dass wir keinen fangen.

Ich hatte ehrlich gesagt vorher gedacht, dass Angeln ziemlich leicht ist. Weil wir nämlich schon oft Angeln aus Stöckern und einer langen Schnur gebastelt und mit diesen an der Elbe geangelt haben. Da beißen natürlich alle paar Sekunden Fische an – weil wir ja immer bloß so tun. Mit der echten Angel mussten wir ewig lange rumsitzen und warten. Und ruhig mussten wir sein. Das können wir nicht besonders gut. Angebissen hat dann doch einer. An Pollys Angel. Er war allerdings so klein, dass wir ihn gleich wieder reingesetzt haben. Angeln war wirklich ziemlich schwierig, weil man das Köderinsekt auf dem Wasser an der Schnur immer so bewegen musste, dass es sich wie in echt bewegt. Mamas Freundin hat uns die verschiedenen Köder und Bewegungen gezeigt. Sie konnte es richtig gut. Am lustigsten war Papa, der bekam seine Plastikmücke nicht mal ins Wasser. Einmal angelte er beim Auswerfen eine leere Kekspackung, einmal Mamas Sandale und einmal beinahe den Hund von Mamas Freundin. Da gab er es lieber auf.

Polly stellte sich dagegen ganz besonders geschickt an. Und wirklich war es wieder ihre Angel, an der der nächste Fisch hing. Dieses Mal eine große Regenbogenforelle. „Ein Prachtstück!", meinte Mamas Freundin. Polly hat sich riesig gefreut und immer wieder gesagt, dass sie eben eine echt gute Mücke wäre. Weil sie ja ihren Köder so super mückenmäßig bewegt hätte. Da war ich fast sauer auf sie. Ich wollte nämlich auch gern gut angeln können. Aber als sie dann vor lauter Freude um mich herumgetanzt ist, wie Mücken das ja abends machen, sah das schon sehr lustig aus. Und dann habe ich mich doch mit ihr mitgefreut. Mamas Freundin hat Polly gefragt, ob sie den Fisch essen oder lieber wieder reinsetzen wolle und Polly wollte ihn essen. Mamas Freundin betäubte den

Fisch blitzschnell mit einem Schlag auf den Kopf und tötete ihn dann mit einem schnellen Herzstich. Wir legten ihn später auf den Grill und alle durften mal probieren. Er schmeckte wirklich lecker, ganz weich, salzig und nach Lagerfeuer und Abenteuer. Viel besser als die Fischstäbchen, die wir manchmal essen. Obwohl ich schon froh bin, dass wir jetzt nicht jedes Mal vor dem Fisch essen eine Mücke sein müssen.

Wenn du das nächste Mal auf einem Wochenmarkt unterwegs bist, schau dich mal genau um. Vielleicht entdeckst du weißen, gelben, violetten oder sogar schwarzen Brokkoli.

Brokkoli-Käse-Auflauf

Rezept

Mein großer Bruder und ich mögen diesen Auflauf richtig gern, weil wir Brokkoli richtig lecker finden. Brokkoli ist außerdem richtig gesund, denn er enthält viele Vitamine und Mineralstoffe. Mein kleinerer Bruder mag ihn nicht. Überhaupt mag er ja nur sehr wenig Gemüse. Mama hat uns erklärt, dass das an den Bitterstoffen in vielen Gemüsearten liegt. Viele bittere und saure Lebensmittel sind nämlich faul oder sogar giftig. Das Nichtmögen beschützte die Menschen früher vor dem Tod. Heute brauchen wir diese Urinstinkte nicht mehr. Es wird wohl aber noch Tausende von Jahren dauern, bis sie wieder verschwinden. Das Gute: Wenn wir Dinge wie Brokkoli immer wieder probieren, lernt unser Körper sie zu mögen und merkt, dass sie gut für uns sind. Mein kleinerer Bruder braucht also einfach noch mehr Brokkoli-Übung. Wie ist es mit dir?

Für 2 Personen brauchst du:
- 300 Gramm Brokkoli
- 2 Eier
- 300 Milliliter Milch
- Salz
- 1 Prise Pfeffer
- 100 Gramm geriebenen Käse (zum Beispiel Mozzarella)
- frisch geriebenen Muskat
- 1 Teelöffel Butter für die Form.

Und so geht's: Wasche den Brokkoli, schneide den Stiel ab und brich die Röschen auseinander. Koche ihn für fünf Minuten im heißen Wasser mit einer Prise Salz bissfest. Streiche eine ofenfeste Form mit Butter aus, lege den Brokkoli hinein und streue den Käse drüber. Verrühre Eier, Milch, zwei Prisen Salz, eine Prise Pfeffer und Muskat. Mit der Muskatnuss reibst du etwa 15 bis 20 Mal auf der kleinen Reibe hin und her. Gieße die Soße über den Brokkoli und backe deinen Auflauf für etwa fünfzehn Minuten bei 200 Grad Ober- und Unterhitze.

SCHWAMMBOMBEN

Bastelidee

Wasserbomben machen richtig viel Spaß. Leider meckert Mama immer, weil die zerplatzten Reste öfter mal im Garten liegen bleiben und außerdem schlecht für die Umwelt sind. Weil wir aber so viel Lust auf Wasserbombenschlachten haben, hat Mama uns gezeigt, wie man Wasserbomben ohne Platzen machen kann. Also Wasserbomben, die man immer wieder benutzen kann und die nicht in der Natur landen. Das ging ganz leicht.

DU BRAUCHST:
- bunte Küchenschwämme
- Gummiband
- Schere

UND SO GEHT'S: Schneide mit der Schere vorsichtig die raue, kratzige Seite der Schwämme ab. Schneide danach jeden Schwamm der Länge nach in drei Streifen. Lege jeweils neun bunte Streifen kastenförmig aufeinander und binde um die Mitte ganz straff ein Gummiband. Dadurch biegen sich die Schwammstreifen nach außen und man erhält eine Schwammkugel. Zupfe die Streifen gern noch ein wenig in Form. Dann kann's losgehen. Tauche die Schwammbombe einfach ins Wasser und werfe die anderen damit ab. Aber nicht ins Gesicht. Juchhu!

Tipp: Schmeckt auch lecker mit Blumenkohl oder Kohlrabi. Wenn du magst, streue noch ein paar Mandelblätter drüber, die du vorher kurz in einer heißen Pfanne ohne Fett angeröstet hast. Aber Vorsicht, sie brennen leicht an.

Fischers Pelle kocht frische Fische-Pfanne

Weil uns der Fisch bei Mamas Freundin so gut geschmeckt hat, wollten Polly und ich gleich nochmal Fisch machen. Mama hat uns erzählt, wie ihre Mutter ihr den Fisch früher immer zubereitet hat. Genau so haben wir es auch gemacht. Die Frau im Fischladen hat uns dafür Kabeljau empfohlen, weil der schön fest ist und beim Braten nicht so leicht kaputt geht. „Und weil er nicht ganz so fischig schmeckt", meinte sie lächelnd. Und wirklich: Es schmeckte allen super!

Für 4 Personen brauchst du:

• 1 Kilo Kabeljaufilet
• 1 Kilo Kartoffeln
• 400 Milliliter Sahne
• 1 Esslöffel Speisestärke
• 1 Zwiebel
• 2 Esslöffel Butter und 1 Esslöffel Öl zum Anbraten
• Dill
• Salz
• 2 Prisen Pfeffer
• Schale von einer Bio-Zitrone

Und so geht's: Schäle die Kartoffeln und halbiere die großen. Gib sie mit einer Prise Salz in einen Topf und koche sie für etwa zwanzig Minuten. Dann nimmst du den Fisch, spülst ihn unter dem Wasserhahn ab, tupfst ihn auf einem Brett mit einem Küchenpapier trocken und tastest ihn vorsichtig ab, ob sich noch irgendwo eine Gräte versteckt. Falls ja, weg damit. Im Filet sind eigentlich keine Gräten, aber man kann ja nie wissen. Schneide den Fisch dann in Würfel (so groß wie ein Duplo-Stein). Die Zwiebel schälst du und schneidest sie in sehr kleine Würfel. Gib Butter und Öl in eine Pfanne und

erhitze sie. Gib vorsichtig Zwiebelwürfel und Fisch dazu. Achtung, das spritzt. Drehe die Temperatur am Herd etwas herunter. Brate den Fisch kurz an, bis es duftet. Gib dann die Sahne dazu. Verrühre einen Esslöffel Speisestärke in einem Becher mit zwei Esslöffeln Wasser, gib die Mischung zur Soße, rühre um und lasse es fünf Minuten kochen. Würze mit vier Prisen Salz, zwei Prisen Pfeffer, einer Handvoll abgezupftem Dill und Zitronenschale. Gib die abgegossenen Kartoffeln zum Servieren mit in die Pfanne.

Dazu passt gut ein Gurkensalat. Dafür wasche ich eine Gurke und schneide sie in feine Scheiben. Dann mische ich drei Esslöffel Sonnenblumenöl, zwei Esslöffel Essig, einen Teelöffel Zucker, eine Prise Salz und eine Handvoll fein geschnippelten Dill und mische alles mit der Gurke.

GEHEIMES WISSEN DILL

Dill nutzen die Menschen als Gewürz- und Heilpflanze schon ewig. Angeblich ließ sich schon Pharao Amenophis II im Jahr 1400 vor Christi Dill mit in sein Grab legen, weil er den Duft und Geschmack so mochte. Im Mittelalter sollen sich manche Menschen Dill neben das Kopfkissen gelegt haben, weil er angeblich vor Dämonen und Verhexung schützte. Kleinen Kindern gab man Dillsamen zum Kauen, wenn sie nicht schlafen konnten oder mischte ihnen ein paar davon klein gemörsert in ihre Milch. Auch gegen Bauchweh soll Dill helfen. Versuche es doch beim nächsten Mal mit einem Tee aus einem Teelöffel zerstoßenen Dillsamen und 100 Milliliter heißem Wasser. Lasse den Tee fünf Minuten ziehen und gieße ihn dann vorsichtig durch ein Sieb.

WIE SICH DIE DEUTSCHEN IN DIE KARTOFFEL VERLIEBT HABEN

Früher war es auch in Europa nicht selbstverständlich, dass alle Menschen immer genug zu essen hatten. Immer wieder litten die Menschen unter Hungersnöten, die durch Kriege oder schlechte Ernten ausgelöst wurden. Der Handel war längst nicht so verbreitet wie heute. Und so hatten die Menschen in Gegenden mit sandigen Böden, in denen Getreide nicht so gut wuchs, oft nicht genug zu essen. Auch in Preußen, besonders in der Region Brandenburg, gab es sehr sandigen und damit kargen Boden.

Kaiser Friedrich, König von Preußen und Deutscher Kaiser hörte im 17. Jahrhundert von der Kartoffel und war begeistert. Er sah in der Kartoffel die Chance, endlich alle satt zu bekommen. Leider war sein Volk wenig begeistert. Vielleicht hatten sie zunächst die aus den Blüten gewachsenen, kleinen grünen Früchte probiert, die überhaupt nicht schmeckten und sogar leicht giftig waren. Und von einer giftigen Pflanze sollten sie nun Teile essen? Niemand wollte das – nicht mal die Hunde hatten Appetit drauf. Vielleicht hatte sich auch einfach noch nicht herumgesprochen, dass man die Kartoffeln vor dem Essen kochen musste. Kaiser Friedrich aber war von der tollen Knolle so überzeugt, dass er 1756 mit dem „Kartoffelbefehl" per Gesetz vorschrieb, dass alle Bauern Kartoffeln anbauen mussten. Wenn sie es nicht taten, mussten sie sogar Strafe zahlen. Appetit darauf hatten die Menschen dennoch nicht.

Deshalb soll Friedrich sein Volk schließlich ausgetrickst haben: Er ließ die Kartoffeln von Soldaten bewachen und ließ bekannt machen, dass sie nur für die königliche Speisetafel bestimmt seien. Wie geplant, wurden die Menschen neugierig, schlichen sich nachts an den Wachen vorbei, die nur so taten, als ob sie schliefen und klauten ein paar Kartoffelknollen. Langsam sprach sich herum, wie man sie zubereiten musste und ziemlich schnell war ganz Deutschland kartoffelverliebt.

Ritter-Kartoffeln

Eigentlich heißen diese Kartoffeln Hasselback-Kartoffeln und sollen in einem schwedischen Restaurant mit dem Namen Hasselbacken erfunden worden sein. Polly und ich nennen sie Ritterkartoffeln, weil es aussieht, als hätte ein Ritter mit seinem Schwert auf die Kartoffel eingeschlagen. Statt mit einem Schwert überwältigen wir sie allerdings mit zwei Kochlöffeln. Ha.

Für 4 Personen als Beilage brauchst du:
- 8 bis 10 große Kartoffeln
- 2 Esslöffel weiche Butter
- Salz
- Paprikapulver
- 3 Esslöffel geriebenen Parmesan

Und so geht's: Schäle die Kartoffeln. Lege ein Blech mit Backpapier aus und lass die Kartoffeln daraufkullern. Dann wird es spannend. Lege jeweils einen Holzkochlöffel mit dem Stiel über und unter jede Kartoffel auf das Blech. Halte die Kartoffel in dieser Klemme gut fest und schneide sie mit der anderen Hand mit einem Messer immer wieder der Länge nach in kurzen Abständen bis zum Löffelstiel ein. So fächert die Kartoffel oben auf, hängt unten aber noch zusammen. Drücke die Einschnitte mit den Fingern auseinander und pinsle mit einem Pinsel Butter in die Ritzen. Würze mit ein paar Prisen Salz und Paprikapulver. Backe die Kartoffeln bei 200 Grad Ober- und Unterhitze für ungefähr 50 Minuten. Streue den Parmesan über die heißen Kartoffeln und backe sie für weitere zehn Minuten.

Tipp: Du kannst deine Kartoffeln auch mit frischen Rosmarin- oder Thymianblättern würzen.

Rezept

Kartoffelchips

Hast du Kartoffelchips schon mal selbst gemacht? Das geht ganz leicht. Schäle zwei bis drei Kartoffeln und schneide sie in ganz, ganz dünne Scheiben. So dünn, dass du durch die Scheiben dieses Buch lesen kannst. Vielleicht darfst du auch eure Reibe leihen. Lege die Scheiben auf ein Blech mit Backpapier und spritze ein wenig Öl darüber. Würze mit zwei Prisen Salz und backe deine Kartoffelchips bei 200 Grad Ober- und Unterhitze im vorgeheizten Backofen für etwa zehn Minuten. Wenn du magst, würze sie noch mit Paprikapulver.   -

Tipp: Probiere einfach, die Gabeln mal auf der Längsseite, mal auf der Querseite in die Kartoffel zu stecken – und sei nicht traurig, wenn es nicht gleich beim ersten Mal klappt.

Experiment

Wissen

GEHEIMES WISSEN KARTOFFEL

Die Kartoffel stammt aus Südamerika. Dort bauten die Inkas in Peru sie auf den Bergen an, wo die Erde so schlecht war, dass kein Mais mehr wuchs. Sie nannten sie „Papa", das bedeutet „Knolle". Diese ersten wilden Kartoffelsorten schmeckten höchst wahrscheinlich nicht besonders gut. Erst durch Züchtung hat sich ihr Geschmack verbessert.

Die spanischen Seefahrer brachten die ersten Kartoffeln mit nach Europa. Zunächst dachte man allerdings nicht daran, sie zu essen. Reiche Menschen ließen sie wegen ihrer hübschen weißlila Blüten in ihre Gärten pflanzen.

Nicht alle Kartoffeln essen wir auf. Aus Kartoffeln kann man unter anderem auch Alkohol, Papier, Folien, Kunstschnee, Pappe, Puder, Seife, Shampoo, Tesafilm und Waschpulver herstellen.

KANN EINE KARTOFFEL SEILTANZ?

Eigentlich nicht, schließlich hat sie keine Beine. Ich habe aber mit meinem großen Bruder gewettet, dass sie das doch kann. Und natürlich habe ich gewonnen. Sie kann es nämlich doch, wenn auch nur auf einem Fleck.

DU BRAUCHST:
- **zwei Kuchengabeln**
- **eine große, längliche Kartoffel**
- **ein großes Trinkglas**

UND SO GEHT'S: Steche die Kuchengabeln links und rechts auf gleicher Höhe in die Kartoffel; die Griffe zeigen dabei nach unten. Die Kartoffel sieht jetzt ein wenig wie ein fliegender Vogel aus. Setze die Kartoffel vorsichtig auf den Rand des Glases. Was passiert? Wenn du die Kartoffel eine Zeit lang hin- und herrückst, findest du mit ein wenig Glück den richtigen Punkt, dass sie – fast wie im Zirkus – balanciert. Der Trick, der sich dahinter verbirgt, den hat mir Mama verraten: Wenn die Kartoffel auf dem Glasrand schwebt, befindet sich ihr Schwerpunkt genau über dem Rand des Glases. Danach kann die Kartoffel natürlich gekocht und gegessen werden.

MEINE SEITE

Hier ist Platz für ein Rezept, eine Geschichte oder ein Bild mit Kartoffeldruck.

_____

_____

_____

_____

_____

_____

_____

_____

_____

_____

_____

_____

_____

_____

_____

_____

_____

AUGUST

Endlich Ferien! Am liebsten bin ich in diesem Monat am Meer,
Ich lese im Sand, sammele Muscheln am Strand und gehe surfen. Polly schreibe
ich mindestens eine Postkarte - und sie schreibt zurück.

PACK DIE BADEHOSE EIN

Mit den Sommerferien ist es ein bisschen verrückt. Polly und ich freuen uns das ganze Jahr drauf, aber eigentlich sind die Sommerferien das ganze Jahr über immer noch wahnsinnig lange hin. Jedes Mal, wenn ich Mama frage, wie lange es noch dauert, sagt sie: „Ach du, noch drei Monate." Selbst wenn sie sagt: „Noch vier Wochen!", klingt das für mich galaktisch weit weg. Polly und ich malen manchmal weiße Blätter mit Kreisen voll und schreiben Zahlen hinein. Dann wissen wir genau, dass die Ferien noch 63 Tage hin sind. Irgendwann noch 45 Tage. Dann 23. Und irgendwann geht alles auf einmal ganz schnell.

Plötzlich wird es noch einmal anstrengend in der Schule und dann lustig, weil man überall kleine Sommerfeste feiert. Wir feiern zum Beispiel mit der Klasse, im Kindergarten meiner Brüder, beim Reiten und im Fußballverein. Papa fängt hektisch an, die Koffer auf dem Dachboden zu suchen und Mama versteckt meine Lieblingsklamotten auf dem Schrank, weil sie mit in den Urlaub sollen. Meine Brüder und ich suchen überall unsere Badehosen und Luftmatratzen und die Strandtennisschläger – der Ball ist garantiert immer weg. Und Papa erklärt uns, dass er dieses Jahr aber wirklich zum allerletzten Mal einen neuen bestellt, weil wir wirklich besser auf unseren Kram aufpassen müssen. Polly und ich zeigen uns auf dem Globus bei uns im Spielzimmer, wo wir hinfahren. Sie meistens an die Ostsee oder nach Österreich, wir nach Frankreich oder Italien, weil Mama und Papa es beide gern schön warm haben. Und dann sind plötzlich – Peng! – die Ferien da und die Koffer gepackt und dann werden Polly und ich ganz traurig, weil wir uns mindestens drei Wochen nicht sehen. Aber wir schwören

uns bei einem Glas Heidelbeerlimo, dass wir uns schreiben und uns Fotos schicken. Von allem was wir gekocht und von allen besonderen Sachen, die wir im Urlaub gegessen haben.

Wir fahren immer ganz unheimlich lange mit dem Auto, was nervig, aber auch ein wenig aufregend ist. Polly und ich haben am Tag vorher für Proviant gesorgt – dafür hat man schließlich einen Kochclub. Und meine ganze Familie freute sich total über den Korb mit Essen. Mama packt jedem von uns immer eine wirklich große bunte Tüte, denn auf langen Autofahrten ist Mama beim Thema Naschen entspannter. Im Urlaub ist immer mehr „ausnahmsweise". Wir hören ganz laut Musik im Auto und auch wenn Papa immer über die Krümel auf der frischgesaugten Rückbank motzt, ist es eigentlich total gemütlich, gemeinsam die Autobahn entlang zu brausen und zu wissen, dass man drei Wochen Strand und Meer und Eiscreme vor sich hat.

Wir kochen im Urlaub meistens selbst. Mama und Papa lieben das, weil wir vorher oft gemeinsam auf einen bunten Markt gehen, Berge von Zutaten kaufen und dann gemeinsam kochen. Mama und Papa trinken ein Glas Wein und wir eine Limo und Mama sucht in den Schränken nach scharfen Messern und großen Schüsseln und freut sich über fremde Blumenteller und karierte Tischdecken, die sie statt der Messer findet.

Einmal haben wir mit einem stumpfen Messer Berge von Kartoffeln, Möhren und Zucchini für selbstgemachte bunte Pommes geschnippelt. Danach hatte sogar Papa eine Blase an der Hand. Erst bei

der letzten Kartoffel ist meinem großen Bruder eingefallen, dass er sein Schnitzmesser dabei hatte. Damit haben wir dann alle krummen und schiefen Pommes nochmal durchgeschnitten. Wir hatten an diesem Abend die dünnsten (und krummsten) Pommes überhaupt.

Irgendwie schmeckt im Urlaub alles viel besser. Vielleicht, weil wir immer einen Riesenhunger haben, wenn wir spät vom Strand kommen oder wir eher aufstehen und Ball spielen oder malen dürfen. Oder, weil wir wissen, dass wir wieder ausnahmsweise viel länger aufbleiben dürfen. Ein anderes Mal hat Papa auf dem Markt einen Oktopus gekauft. Da habe ich mich echt erschrocken, weil er mich anglotzte. Also, der Oktopus. Papa meinte, dass er gegrillten Oktopus schon

immer mal ausprobieren wollte. Er hat auch sofort angefangen im Internet nach Oktopus-Rezepten zu suchen. Ich habe mich erst geekelt, aber dann ist mir Pollys und meine Verabredung eingefallen und ich habe mich plötzlich doch über den Oktopus gefreut. Weil ich Polly davon ein echt spannendes Foto schicken konnte.

Papa musste den Oktopus noch eine ganze Weile durch die Stadt tragen und die ganze Zeit hatte ich das Gefühl, er starre mich durch die Folie an. Oben hing auf jeden Fall einer seiner Tentakel heraus. Da waren mir die Artischocken in der Tüte in Papas anderer Hand doch lieber. Die glotzen nicht. Mama hatte auch eine Tüte in der Hand. Darin war ein Blümchen-Kleid, das sie am Vortag gekauft und jetzt doch nicht haben wollte, weil sie unsicher war, ob sie das Muster zuhause genau so schön finden würde wie im Urlaub. Als sie das Kleid im Laden zurückgeben wollte, schrie die Verkäuferin plötzlich auf.

Und stellt euch vor, da hatten Mama und Papa die Tüten verwechselt und Mama hatte der Verkäuferin den Oktopus statt des Kleides gegeben. Als Papa abends den Oktopus in Streifen schnitt und mit Olivenöl und Kräutern auf dem Grill röstete, schmeckte er wirklich köstlich und viel besser als die Artischocken, an denen Mama und Papa außerdem herumlutschten.

Im letzten Moment fiel mir Polly ein und ich schickte ihr schnell ein Foto von meinem letzten Happen Oktopus. Polly schickte ein Foto von einer Suppe, die aussah, als wären Würmer drin. Es waren aber bloß Pfannkuchenstreifen. Die nennt man in Österreich Frittaten und sie sind wirklich lecker, schrieb Polly.

Ansonsten habe ich mit Mama im Urlaub noch ein paar mehr Sachen gekocht und das war auch wirklich schön. Auch wenn Mama nicht so lustige Witze erzählen kann wie Polly. Mama erzählt immer bloß diesen hier: „Fliegt ein Kuckuck übers Meer, taucht ein Hai auf. „Hi", sagt der Kuckuck. „Kuckuck", sagt der Hai." Ich finde den nicht so lustig. Aber Mama muss immer so lachen, dass sie ganz rot im Gesicht wird.

Natürlich essen wir im Urlaub auch immer jede Menge Eis. So viel, dass es immer schwierig wird, zuhause nur noch ab und zu Eis zu essen. Zum Glück hat Mama Verständnis für uns – wahrscheinlich, weil sie im Urlaub selbst so gern Eis isst. Zuhause dürfen wir dann noch ein paar Mal selbst Eis machen, um es uns langsam wieder abzugewöhnen. Entweder ein ziemlich gesundes aus Banane oder ein lustiges Schüttel-Eis.

Tipp: So ein Kuchen ist auch ein super Mitbringsel, wenn du bei Freunden eingeladen bist. Oder vielleicht überraschst du damit mal deine Lehrerin oder deinen Lehrer?

FEDERMOBILE

Meine Brüder und ich sammeln in den Ferien alles Mögliche: Steine, Muscheln, Kronkorken und Federn. Über die Steine meckert Papa immer am meisten, weil die so schwer sind und in der Rucksacktasche seine Sonnenbrille zerkratzen. Also haben wir uns diese Ferien auf Federn spezialisiert und gleich im Urlaub ein Mobile daraus gebastelt. Eine hübsche Wolle dafür haben wir in einem französischen Supermarkt gekauft.

DU BRAUCHST:
- **verschiedene Federn**
- **einen hübschen Stock (etwa so lang wie dein Arm)**
- **Wolle**

UND SO GEHT'S: Schneide verschieden lange Fäden von der Wolle und binde ein, zwei, oder drei Federn daran fest. Binde die Fäden anschließend nebeneinander an den Stock. Knote oben links und rechts am Stockende noch einen Faden fest, daran kannst du dein Mobile aufhängen – über deinem Bett zum Beispiel. Für schöne Urlaubsträume.

Bastelidee

Birnen-Tarte

Von diesem Kuchen haben wir im letzten Frank-reich Urlaub jeden Morgen ein paar Stücke gekauft und sie gleich aus der Papierpackung aufgegessen. So lecker ist er. Und schnell geht er auch noch.

Für einen Kuchen:
- 1 Packung Tiefkühlblätterteig
- 3 Birnen
- 1 Esslöffel Öl
- 2 Bio-Eigelb
- 250 Milliliter Schlagsahne
- 50 Gramm Zucker
- 1 Päckchen Vanillezucker
- ½ Päckchen Vanillepuddingpulver
- 4 Esslöffel Aprikosenmarmelade

Und so geht's: Heize den Backofen auf 175 Grad Ober- und Unterhitze vor. Nimm eine runde Tarte-form und fette die Form mit einem Backpinsel und einem Esslöffel Öl ein. Nimm den Blätterteig aus der Verpackung und drücke ihn in die Form. Schneide die überhängenden Teigstücke mit der Küchenschere ab, sodass ein kleiner Rand stehen bleibt. Schäle die Birnen, entferne das Kernge-häuse und schneide sie in dünne Spalten. Lege die Birnenspalten kreisförmig, dicht an dicht, leicht überlappend wie Dachziegel von außen nach in-nen auf den Teig. Verrühre Sahne, Eigelb, Zucker, Vanillezucker und Puddingpulver kräftig mit dem

Schneebesen. Gieße die Masse über die Birnen. Backe die Tarte für etwa 35 Minuten, bis sie gold-gelb ist und duftet. Streiche die Marmelade mit einem Backpinsel auf die warme Tarte.

Tipp: Aus den Blätterteigresten schneiden Polly und ich Streifen, drehen sie ein wenig ein und bestreuen sie entweder mit Zimt und Zucker oder mit Käse. Je nachdem, worauf wir gerade Appetit haben. Im Ofen nach Packungsanleitung backen.

WIE MAN EIN EI TRENNT

Wenn du nicht sicher bist, ob die Eier bei euch im Kühlschrank noch gut sind, dann lege sie vorsich-tig in eine Schale mit kaltem Wasser. Eier haben nämlich unten eine Luftblase, die von Tag zu Tag größer wird. Je älter ein Ei also ist, desto mehr richtet es sich im Wasser auf. Fängt es sogar an zu schwimmen, ist das Ei nicht mehr zu gebrauchen. Pfui Teufel und weg damit.

Mit dem frischen Ei klopfst du in der Mitte vor-sichtig aber kräftig auf den Rand einer Schüssel.

Greif das Ei dann mit beiden Händen und breche die Schale vorsichtig mit dem Daumen auseinan-der. Achtung, das Eigelb soll in einer Eierschalen-hälfte schwimmen. Das klare Eiweiß darf in die Schüssel fließen. Lass das Eigelb ein- oder zwei-mal von Schalenhälfte zu Schalenhälfte flutschen, damit das restliche Eiweiß ablaufen kann. Jetzt kannst du das Eigelb verwenden.

Bunte Pommes mit Mayo

Für 4 Personen brauchst du:

- 1 Zucchini
- 1 Süßkartoffel
- 3 Kartoffeln
- 1 rote Paprika
- 1 Möhre
- 1 kleine Rote Bete
- 1 kleinen Kohlrabi
- 2 Stängel Thymian
- Salz
- 1 Teelöffel Paprikapulver
- Olivenöl

Und so geht's: Zuerst wäscht, putzt und schneidest du das ganze Gemüse in etwa fingerdicke Streifen. Werfe es in eine große Schale, gieße vier bis sechs Esslöffel Olivenöl dazu, gib drei Prisen Salz dazu und bestäube die Pommes mit Paprikapulver. Dann breitest du die Pommes auf einem Blech mit Backpapier aus. Die Thymianzweige legst du darüber und backst das Ganze für etwa 25 Minuten bei 200 Grad Ober- und Unterhitze im Backofen.

Dazu gibt's eine selbstgemachte Mayo

Mayo machen ist vielleicht eine der spannendsten Dinge überhaupt in der Küche. Nämlich wirklich ein bisschen wie zaubern können.

Du brauchst:
- 1 frisches Bio-Ei
- 100 Milliliter Sonnenblumenöl
- 1 Teelöffel mittelscharfen Senf
- 1 Teelöffel Zitronensaft
- Salz
- 1 Prise Pfeffer
- Außerdem brauchst du ein schmales, hohes Gefäß und einen Stabmixer

Und so geht's: Schlage das Ei auf und lass es in das schmale Gefäß plumpsen. Gieße das Öl darüber

und gib Senf, Zitronensaft, Salz und Pfeffer dazu. Stecke den Stabmixer in die Steckdose, stelle den Mixstab unten in deinem Gefäß auf den Boden. Halte ihn und dein Gefäß gut fest, schalte ihn an, zähle bis fünf und ziehe ihn dann ganz langsam nach oben. Fertig. Verrückt gut, oder?

Tipp: Polly und ich schmeißen gern noch ein paar fein gehackte frische Kräuter rein: Dill oder Petersilie schmecken darin zum Beispiel super!

GEHEIMES WISSEN THYMIAN

Thymian ist ein echter Held. Kaum einem anderen Kraut werden so viele Superkräfte zugesprochen. Er soll unter anderem gegen Asthma, Erkältung und Husten, aber auch gegen Zahnfleischentzündung, Rheuma und Durchfall helfen. Außerdem gegen Verstauchungen und sogar gegen Alpträume. Er schmeckt aber auch einfach lecker in vielen Gerichten, zum Beispiel auf den Ritterkartoffeln (Seite 78) oder auf den bunten Pommes.

Bunte Pommes mit Mayo

Schüttel-Eis

Das spannendste und leckerste Vanilleeis überhaupt. Ich lasse mein Eis gern mal eine Weile stehen, damit es ein wenig schmilzt und ganz cremig wird. Genauso schmeckt dieses Schütteleis.

Für 2 Kinder brauchst du:
- 1 Becher Sahne
- 1 Messerspitze Vanilleextrakt
- 2 Esslöffel Zucker
- 2 Kilogramm Eiswürfel
- 80 Gramm Salz
- 1 kleinen Gefrierbeutel mit Zip-Verschluss
- 1 großen Gefrierbeutel mit Zip-Verschluss
- Schokostreusel nach Belieben

Und so geht's: Verrühre Sahne, Vanilleextrakt und Zucker und gieße die Flüssigkeit in den kleinen Beutel. Verschließe ihn gut. Fülle Eis und Salz in den großen Beutel und stecke den kleinen Beutel mit hinein. Verschließe auch den großen gut. Schüttele jetzt alles kräftig für ungefähr 15 Minuten, dann ist dein Eis fertig. Das ist eiskalter Sport, bei dem dir echt heiß wird! Genieße dein Eis mit Schokostreuseln.

GEHEIMES WISSEN EIS

Das allererste Eis der Welt gab es vermutlich in China vor 5000 Jahren. Die chinesischen Herrscher ließen große Eislager anlegen. Und auch die römischen Kaiser ließen es sich später durch Schnellläufer aus den Bergen mitbringen. Sie aßen es gemischt mit Früchten oder Honig.

Der Limonadenfabrikant Frank Epperson erfand in Amerika im Jahr 1905 angeblich durch Zufall das Eis am Stiel: Er ließ versehentlich einen Löffel in einem Glas Limonade stehen – über Nacht gefror es – und war am nächsten Tag überraschend lecker.

Hast du dich auch schon mal gefragt, warum wir Eisläden Eisdiele nennen? Das hat angeblich einen ganz einfachen Grund: Früher verkauften viele eingewanderte, italienische Händler ihr Eis aus einem Holzwagen oder aus dem Fenster ihrer Wohnung. Damit die Leute ihr Eis besser greifen konnten, legten sie dicke Dielen zum Draufsteigen darunter. Vielleicht gehen wir heute deshalb in die Eisdiele.

Eis Banane
für 4 Kinder

Ein super leckeres - und ziemlich gesundes - Eis geht so: Eine Tafel Schokolade im Wasserbad schmelzen. Zwei Bananen halbieren, in die Schokolade tauchen, mit gehackten Nüssen oder Kokosflocken bestreuen und im Gefrierschrank für mindestens eine Stunde kühlen. Knuspert lecker!

Rezept

Müslikugeln

Diese kleinen Kugeln rollen Polly und ich uns vor jeder längeren Autofahrt. Alle meine Brüder lieben sie. Sie sind süß, aber trotzdem gesund. Und sie schmecken auch super aus der Brotdose in der Frühstückspause. Sie halten theoretisch eine Woche in einer Dose – das haben sie bei uns aber noch nie geschafft.

Für 2 Bleche brauchst du:
- 2 gehäufte Esslöffel Mandelmus
- 150 Gramm feine Haferflocken
- 1 große, reife Banane
- 1 Handvoll gehackte Nüsse
- 2 bis 3 Esslöffel flüssigen Honig oder Ahornsirup
- ½ Teelöffel Zimt

Und so geht's: Heize den Backofen auf 180 Grad Ober- und Unterhitze vor. Schäle die Banane und zermatsche sie in einer Schale mit einer Gabel. Gib die Haferflocken, die gehackten Nüsse, das Mandelmus, den Zimt und Honig dazu. Probiere den Teig. Wenn er dir noch nicht süß genug ist, gib noch ein wenig mehr Honig dazu. Forme jetzt mit feuchten Fingern kleine Kugeln. Eine große Murmelgröße ist perfekt. Lege die Kugeln auf ein Backblech mit Backpapier und backe sie für 15 Minuten im Backofen.

Spiele

SPIELE FÜR DIE AUTOFAHRT

WAGEN-WAHRSAGEN

Ein super lustiges Spiel, wie ich finde. Bevor es losgeht oder am Anfang der Fahrt, darf jeder raten, was es auf der Fahrt wohl zu sehen gibt: ein rotes Auto zum Beispiel, Kühe auf der Weide oder einen See. Danach halten alle ihre Augen offen. Für alle Sachen, die tatsächlich zu sehen sind, gibt es Punkte. Für ein simples Motorrad nur einen, für einen Pferdeanhänger vielleicht schon zwei. Eine Burg aber bringt fünf Punkte. Wer sammelt die meisten Punkte?

HANDLESEN

Das Spiel spiele ich gern mit meinem großen Bruder. Wir beide teilen uns nämlich meist die Rückbank. Für das Spiel müssen beide Mitspieler lesen können. Einer schreibt dann dem anderen ein Wort in die geöffnete Handfläche – und der andere muss raten, was da geschrieben wurde. Auch meine Eltern lieben dieses Spiel, weil es dann endlich mal ruhig ist in der letzten Reihe – und weil Mama und Papa nicht das ganze Auto nach einem Zettel und einem Stift durchsuchen müssen.

Wissen

GEHEIMES WISSEN
MELONE

Stelle dir vor, die Melone ist eigentlich gar kein Obst, sondern gehört zu den Kürbisgewächsen.

Wenn du wissen möchtest, ob eine Melone schön reif (und süß) ist, dann klopfe im Laden darauf. Klingt sie innen hohl, ist die Frucht wahrscheinlich unreif oder trocken. Reife, zuckersüße Melonen klingen dagegen tief und dumpf.

Eine Wassermelone besteht zu 90 Prozent, also fast ganz aus Wasser! Daher schmeckt sie an super heißen Tagen auch besonders gut.

Rezept

Fruchtspieße

gehen ratzfatz: Einfach dein Lieblingsobst waschen, in kleine Stücke schneiden und auf Schaschlikspieße stecken.

Rezept

Frittaten-Suppe

Sieht aus wie eine Suppe mit Würmern, sind aber bloß Pfannkuchenstreifen. Schmeckt also absolut super!

Für 4 Personen brauchst du:
- 1 Glas Milch
- ½ Glas Wasser
- 1 Bio-Ei
- 8 Esslöffel Mehl
- Öl zum Anbraten
- Salz

Für die Brühe:
- 1 Bund Suppengrün
- 1 Liter Gemüsebrühe
- 1 Teelöffel Majoran
- 2 Stängel Petersilie
- Salz
- Pfeffer
- Öl zum Anbraten

Und so geht's: Milch, Wasser, eine Prise Salz, Ei und Mehl gut verrühren. Zwei Esslöffel Öl in eine Pfanne geben, erhitzen und mit einer Suppenkelle eine Portion Teig in die Pfanne geben. Backen und wenden, wenn der Teig fest wird und am Rand brutzelig. Auf diese Weise backst du etwa acht Pfannkuchen. Lass sie gut abkühlen.

Wasche und putze in der Zeit das Suppengrün und schneide alles in kleine Würfel. Brate das Suppengrün in einem großen Topf mit einem Esslöffel Öl an, bis es leicht gebräunt ist und gut duftet. Gieße die Brühe dazu und koche das Suppengrün für etwa fünf Minuten, bis es weich ist.

Rolle die Pfannkuchen und schneide die Rollen in möglichst dünne Streifen (Frittaten). Wasche die Petersilie und hacke sie fein. Würze die Suppe mit einer Löffelspitze Pfeffer und drei Prisen Salz. Fülle die Frittaten in einen Suppenteller und gib zwei Kellen voll Suppe darauf. Achtung, heiß! Streue Petersilie darüber.

Ganz unbedingt fahren wir in den Sommerferien einmal ins Blaubeerfeld zum Selberpflücken. Ich mag Blaubeeren genauso gern wie Erdbeeren. Gut ist allerdings, dass man sich hinter Blaubeersträuchern verstecken und Fangen spielen kann. Wenn wir wieder zurück sind, backen wir immer Papas Pfannkuchen (Seite 21) und werfen Blaubeeren mit in die Pfanne. Beim Umdrehen matschen die Blaubeeren zu einem dunkelblauen, beinahe violetten Fleck. Köstlich! Außerdem machen wir aus den Blaubeeren noch das:

(Seite 21)

Blaubeersirup

Rezept

Für eine kleine Flasche brauchst du:
- **500 Gramm Blaubeeren**
- **5 Esslöffel Zucker**
- **½ Liter Wasser**
- **Schale von einer Bio-Zitrone**

Und so geht's: Wasche die Blaubeeren, pule alle kleinen grünen Stiele ab und gib sie mit Wasser und Zucker in einen Topf. Matsche sie mit dem Kartoffelstampfer. Juchhu, das macht Spaß! Reibe die Schale von der Zitrone ab und gib sie zu den Blaubeeren. Laß alles dreißig Minuten kochen, bis der Sirup etwas andickt. Lass ihn gut abkühlen und gieße den Sirup durch ein Sieb in eine hübsche Flasche.

Für eine Limo füllst du ein Glas zur Hälfte mit dem Sirup und gießt mit Mineralwasser auf. Serviere deine Blaubeerlimo mit Eiswürfeln.

BLAUBEERARMBAND

Bastelidee

Sortiere die größten und schönsten Blaubeeren aus, nimm eine große Nadel mit einem Faden und fädele die Blaubeeren nacheinander auf, bis sie um dein Handgelenk passen. Jetzt hast du ein hübsches Armband, an dem du naschen kannst.

Eisige Blaubeerbonbons

Rezept

Legt einfach ein paar Blaubeeren in einer Tupperdose oder auf einem Plastikteller für etwa eine Stunde in den Eisschrank. Danach könnt ihr sie eiskalt auflutschen. Herrlich erfrischend an extraheißen Tagen.

MEINE SEITE

Hier ist Platz für ein Urlaubsrezept, eine Reisegeschichte oder ein Bild vom schönsten Ferientag.

SEPTEMBER

Mein Geburtstagsmonat. Bei uns gehört ein Kuchen mit Kerzen,
unsere Geburtstagskrone und Konfetti werfen beim Frühstück unbedingt dazu.
Und was darf bei dir am Geburtstag nicht fehlen?

ZUM GEBURTSTAG VIEL GLÜCK

Der September ist vielleicht mein Lieblingsmonat, denn da habe ich Geburtstag. Der ganze Spaß beginnt bei uns immer schon mindestens zwei Wochen vor der Party, denn da überlege ich mit Mama, was für eine Party ich machen möchte. Alles dreht sich dann mal nur um mich und mein Geburtstag ist für eine Weile das Wichtigste auf der Welt. Das fühlt sich herrlich an. Als erstes basteln wir immer die Einladungen. Dieses Jahr wusste ich sofort, was für eine Party ich machen wollte: Nämlich eine Koch- und Backparty. Logo, oder?

Polly und ich hatten gleich eine super Idee, wie ich meine Einladungskarten machen könnte. Nämlich als Schneebesen, das hatte ich mit Mama schon mal im Internet gesehen. Außerdem finden Polly und ich das Wort Schneebesen so lustig. Mama besorgte uns dafür silberne Pfeifenputzer (noch so ein lustiges Wort). Bunte Trinkhalme hatten wir zum Glück noch zuhause. Mama, Polly und ich verbrachten einen lustigen Nachmittag damit, die Einladungen zu basteln und noch eine Messer-Gabel-Löffel-Girlande als Dekoration gleich dazu. Girlanden aufhängen ist ja immer die einfachste Idee, es partyfein zu machen, finde ich. Am Abend vor meinem Geburtstag fülle ich dann immer mit meinen Brüdern die Tüten für die Gäste. Dieses Mal hatten wir die Tüten mit selbstgemalten Töpfen verziert. Das gemeinsame Füllen ist immer nett, obwohl meine Brüder natürlich die ganze Zeit naschen wollen. Das dürfen wir meistens auch, aber bloß, wenn was übrig bleibt. Dann backe ich immer noch kleine Kuchen mit Mama für die Schule. Das ist immer sehr gemütlich und wird immer irre spät, aber das macht ausnahmsweise nichts, findet Mama. Weil man vor seinem Geburtstag vor Aufregung sowieso nicht so gut schlafen kann.

Einen richtigen Geburtstagskuchen backt Mama immer heimlich, wenn wir Kinder alle im Bett sind. Das ist auch gut so, finde ich, weil Mama sich immer etwas einfallen lässt und es so spannend ist, am nächsten Tag zu gucken, wie der Kuchen aussieht. Natürlich konnte ich auch dieses Mal vor Aufregung überhaupt nicht einschlafen. Ich hörte stundenlang meine Brüder schnarchen und Mama und Papa unten in der Küche leise reden und werkeln. Weil ich wusste, dass sie das alles für mich machen, fand ich das noch spannender. Als ich gerade beschlossen hatte, einfach gar nicht zu schlafen, muss ich doch eingeschlafen sein.

Am Geburtstagsmorgen wurde ich von Mama und Papa und meinen Geschwistern geweckt, die wie immer mit einem Kuchen singend vor meinem Bett standen. Es kribbelte in meinem Bauch vor Aufregung, aber natürlich musste ich erst noch meinen kleinen Kuchen essen, das ist Tradition bei uns. Alle meine Brüder durften einmal abbeißen – damit es schneller ging. Unten schaute ich erst meinen Kuchen an und dann meinen Geschenketisch. Dann packte ich alles aus. Geburtstag haben ist herrlich und das Beste ist, dass man tatsächlich einen ganzen Tag lang Geburtstag hat. An diesem Tag brachte Mama uns zur Schule, weil die kleinen Kuchen ja auch mit mussten und wir so spät dran waren. Die Kuchen schmeckten allen gut und Polly wich mir die ganze Zeit nicht von der Seite und spitzte mir sogar feierlich meinen Bleistift an. Nachmittags hängten Mama und ich die Girlande in der Küche auf, deckten den Tisch, verzierten ihn mit kleinen gebastelten Messern und Gabeln aus Papier und dann kamen auch schon meine Gäste. Nachdem wir Flaschendrehen gespielt hatten und mir jeder, auf den die Flasche zeigte, sein Geschenk überreichte, aßen wir Kuchen. Und danach durfte jeder Gast seine eigene Kochmütze bemalen, die Mama für meine Gäste selbst genäht hatte. Man kann sie aber auch im Internet bestellen.

Wir machten erst bunte Obstspieße und mixten uns einen Fruchtcocktail, mit dem wir noch mal alle zusammen auf meinen Geburtstag anstießen. Für den Cocktail pflückten wir ein bisschen Minze aus Mamas Garten und wir wetteiferten, wer sich traute, ein Stück davon zu probieren. Es roch erst ein wenig scharf und irgendwie seifig. Aber ich traute mich und es schmeckte wirklich gut. Ein bisschen wie Kaugummi. Dann waren wir richtig mutig und fragten Mama nach mehr Geschmacks-Mutproben. Wir durften mit verbundenen Augen Ketchup, Senf, Zucker und Zitrone probieren und mussten raten, was es war. Für die ganz Mutigen gab es zum Schluss noch Meerrettich. Das trauten sich aber nur Polly und mein ganz großer Bruder. Polly konnte vor lauter Husten hinterher nichts sagen und ich wette, mein Bruder tat auch nur so cool. Ich war mir nämlich sicher, dass seine Augen ziemlich rot waren und feucht schimmerten, während er behauptete, Meerrettich wäre oberlecker und wirklich kein bisschen scharf. Haha! Danach machten wir eine kurze Kochpause und spielten im Garten Verstecken und ein paar andere Spiele, die Mama kannte und die tollerweise alle mit Essen zu tun hatten. Hinterher setzten wir uns alle wie-

der unsere Kochmützen auf und bereiteten kleine Burger fürs Abendbrot zu. Mama und ich hatten den Teig für die Brötchen schon am Vormittag vorbereitet, weil Hefeteig ja gehen muss, aber jetzt durften alle ran und kleine Brötchen formen.

Wir hatten alle richtig viel Spaß und es schmeckte allen hinterher auch wirklich ganz besonders gut. Mein Freund Fjonn baute einen Doppelburger und es sah so lustig aus, als er hineinbiss, dass wir anderen uns fast an unseren Burgern verschluckten. Wir hatten kleine Schalen mit Salat, Tomaten, Avocadostreifen und angebratenen Pilzen auf den Tisch gestellt. So konnte sich jeder den Burger basteln, den er mochte. Zusammengeklebt haben wir alles mit ordentlich Ketchup.

Geburtstag haben ist herrlich und natürlich ist es schade, dass man nur einmal im Jahr Geburtstag hat. Aber bevor Polly abgeholt wurde, verabredeten wir uns gleich für den nächsten Tag zum Kochclubtreffen. Also hatte ich gleich wieder was zum Freuen. Polly hatte nämlich die Idee, aus den Obstresten vom Geburtstag süße Burger zu machen. Mit zwei Apfelscheiben als Burgerbrötchen. Und das war ja wohl eine richtig gute Idee.

Geburtstagskuchen

Mama lässt sich jedes Jahr etwas besonderes einfallen für unseren Geburtstagskuchen. Einen simplen Gugelhupf mit Lichtern drauf gibt es aber trotzdem jedes Mal. Dieser hier ist schön saftig und trotzdem fest. So mögen meine Brüder und ich ihn am liebsten. Mein großer Bruder mag ihn am liebsten als Marmorkuchen mit einer Hälfte Kakao im Teig, mein kleinerer Bruder mit Schokostückchen und ich mit Zitronengeschmack.

Für einen Kuchen brauchst du:
- 225 Gramm weiche Butter
  (plus ein bisschen zum Einfetten)
- 225 Gramm Zucker
- 6 Eier
- 1 Päckchen Vanillezucker
- 150 Gramm Crème fraîche
- 300 Gramm Weizenmehl (405)
- Salz
- 1 Päckchen Backpulver
- 2 Esslöffel Milch
- Schale von einer Bio-Zitrone
- 2 Esslöffel Zitronensaft
- 4 gehäufte Esslöffel Puderzucker

Und so geht's: Heize den Backofen auf 180 Grad Ober- und Unterhitze vor. Fette mit ein wenig Butter und einem Pinsel eine Gugelhupfform ein. Verrühre Butter, Zucker, Vanillezucker und eine Prise Salz mit dem Handrührer. Gib nach und nach die Eier in die Schüssel und rühre sie unter. Gib die Zitronenschale, die Crème fraîche, die Milch, das Mehl und Backpulver dazu und rühre diese nur kurz unter. Fülle den Teig in die Kuchenform und backe ihn für ungefähr 50 bis 55 Minuten im Ofen. Überprüfe rechtzeitig mit einem Holzstäbchen, ob der Kuchen schon gut ist. Stich dafür mit dem Stäbchen in den Teig, wenn kein Teig mehr dran klebt, ist er gut. Lasse den Kuchen abkühlen. Für den Guss verrührst du zwei Esslöffel Zitronensaft mit vier gehäuften Esslöffeln Puderzucker und streichst ihn auf den Kuchen.

Tipp: Für einen Marmorkuchen teilst du den Teig in zwei gleichgroße Portionen und rührst unter die eine Hälfte zwei Esslöffel Milch und zwei Esslöffel Backkakao. Für einen richtig zitronigen Zitronenkuchen reibst du von einer weiteren Zitrone die Schale ab und gibst sie zum Teig. Und für einen Stracciatella-Kuchen gibst du 100 Gramm Raspelschokolade mit in den Teig. Auf diese Kuchen gießt du als Guss helle oder dunkle geschmolzene Schokolade.

Für Polly

SCHNEEBESEN-EINLADUNG FÜR EINE KOCH- UND BACKPARTY

Wenn du deinen Freunden diese Einladung in die Hand drückst, steigt die Vorfreude auf gemeinsames Rührlöffelschwingen, Schnippeln und Alles-aufessen ins Unermessliche...

DU BRAUCHST:

- pro Einladung einen Trinkhalm aus Papier
- 3 Pfeifenputzer (zum Beispiel in Silber)
- Klebeband
- 1 Glas
- Schere
- Bleistift

AUSSERDEM:

- Papierreste
- Filzstift
- Locher
- hübsches Band

UND SO GEHT'S: Lege die Pfeifenputzer wie einen Stern mittig übereinander. Biege alle Enden nach unten und drücke sie in eine runde Schnee-besenform. Binde die Enden unten stramm mit Klebeband zusammen. Stecke dieses Ende in einen Trinkhalm. Kürze den Trinkhalm ein wenig. Nimm das Glas als Schablone, zeichne mit einem Bleistift rundherum und schneide kleine Kreise aus dem Papier. Schreibe deinen Einladungstext mit Filzstift auf die Papierkreise und schneide sie aus. Mache mit dem Locher jeweils ein Loch in jeden Papierkreis und binde deinen Text mit einem hübschen Band an den Pfeifen-putzerschneebesen.

KOCHMÜTZE NÄHEN

Mama hat für Polly, mich und die anderen Gäste eine ganz einfache Kochmütze genäht. Das war eine tolle Überraschung. Mein kleinerer Bruder wollte übrigens Hasenohren und einen Leopar-denschwanz an seiner – hat Mama gemacht.

DU BRAUCHST:

- 1 Rechteck aus festem Baumwollstoff, 15 Zentimeter hoch und so breit, wie dein Kopfumfang plus 1,5 Zentimeter Nahtzugabe
- 1 Stoffkreis mit einem Durchmesser von 40 Zentimetern
- eventuell einen Rest Gummiband
- Stecknadeln

UND SO GEHT'S: Klappe das Rechteck rechts auf rechts zusammen und nähe es an der kurzen Seite knappkantig zusammen. Du erhältst einen Stoffschlauch mit zwei Öffnungen. Stecke den Stoffkreis mit vielen Stecknadeln in gleichmäßigen Falten rechts auf rechts rundherum an ein offenes Ende des Stoffschlauchs fest. Nähe die beiden Teile mit einer Nahtzugabe von einem Zentimeter zusammen. Entferne die Stecknadeln. Wende die Mütze. Schlage den unteren Rand einen Zentimeter zweimal nach innen um, stecke ihn mit Steck-nadeln fest und nähe in Füßchenbreite einmal unten herum. Wenn du magst, nähe zum Schluss am unteren Rand ein Stück Gummiband auf Zug mit ein, damit die Kochmütze etwas flexibler in der Größe ist.

Tipp: Einen Stoffkreis mit 40 Zentimetern Durchmesser bekommst du so: Knote einen Faden an einen Filzstift, messe den Faden und schneide ihn bei 20 Zentimetern ab. Setze den Stift auf den Stoff und und halte ihn gut fest. Male jetzt mit dem Stift einmal im Kreis herum. Schneide den Kreis aus.

Miniburger

Ein Happs und weg: Diese Burger machen viel Spaß beim Machen und sind irre lecker. Manche Erwachsene haben Angst davor, Hefeteig zu machen. Polly und ich nicht. Vielleicht weil wir so gut verstehen, was er mag: Hefeteig mag es zuerst warm und kuschelig, dann rauft er gern und döst hinterher wieder lange. Wir mögen das alles nämlich auch.

Für etwa 12 Miniburger brauchst du:

Für die Falafel:
- 2 Dosen Kichererbsen
- 1 kleine Zwiebel
- ½ Teelöffel Kreuzkümmel
- ½ Teelöffel Koriander
- 1 Messerspitze gemahlenen Pfeffer
- Salz
- 3 Esslöffel Mehl
- 3 Esslöffel Paniermehl
- Öl zum Anbraten

Für die Brötchen:
- 200 Milliliter handwarmes Wasser (nicht zu heiß!)
- 2 Esslöffel Milch
- 1 Würfel frische Hefe
- 3 Esslöffel Zucker
- Salz
- 2 Esslöffel Butter
- 500 Gramm Mehl (550)
- 2 Eier
- 1 Esslöffel Milch
- 1 Esslöffel Wasser

Zum Belegen:
- Tomaten
- 6 Blätter Eisbergsalat
- Ketchup

Tipp: Avocadostreifen und angebratene Pilze schmecken auch lecker auf dem Burger.

Und so geht's: Für die Brötchen gießt du das warme Wasser in eine Schüssel, gibst die Milch hinzu, streust den Zucker darüber und bröselst die Hefe hinein. Du rührst alles kurz um und lässt es für fünf Minuten stehen. Danach gibst du Mehl, zwei Prisen Salz, ein Ei und die Butter hinzu und verknetest alles mit dem Handrührer zu einem zähen, glänzenden Teig. Am fluffigsten wird der Teig, wenn du ihn auch nochmal mit den Händen ordentlich durchknetest. Streue dafür etwas Mehl auf den Teig, die Arbeitsfläche und deine Hände und lege los. Du kannst ihn auf die Arbeitsplatte klatschen. Hefeteig ist perfekt, um mal alles an Wut rauszulassen.

Nach der Toberunde machst du es deinem Teig gemütlich. Decke ihn in seiner Schüssel mit einem Geschirrhandtuch ab und lasse ihn für eine Stunde gehen, also einfach stehen.

Nach dieser Stunde formst du aus dem Teig mit den Händen kleine Kugeln, ungefähr so groß wie eine Mandarine. Lege die Brötchen nebeneinander auf ein Blech und drücke sie mit der Hand ein wenig flach. Lass die Brötchen jetzt im Backofen noch einmal eine Stunde gehen. Verquirle in der Zwischenzeit ein Ei mit einem Esslöffel Milch und Wasser und bestreiche deine Brötchen damit. Backe die Brötchen bei 180 Grad Ober- und Unterhitze für etwa 15 Minuten, bis sie goldbraun sind.

Für die Falafel: Öffne die beiden Dosen mit Kichererbsen und gieße das Wasser ab. Schneide die Zwiebel in sehr kleine Würfel und mische Kichererbsen, Zwiebelwürfel, drei Prisen Salz, Kreuzkümmel, Koriander, Pfeffer und einen Esslöffel Mehl. Püriere das Ganze mit einem Pürierstab und stelle die Masse für eine halbe Stunde in den Kühlschrank.

Mische auf einem Teller Paniermehl mit den zwei Esslöffeln Mehl. Feuchte deine Hände unter dem Wasserhahn an und forme aus dem Kichererbsen-Teig kleine Buletten. Wälze sie jeweils vorsichtig in der Paniermehlmischung. Gib drei Esslöffel Öl in eine Pfanne und brate die Veggie-Buletten von allen Seiten goldbraun an.

Erwärme die Burgerbrötchen ganz kurz bei 100 Grad im Backofen, bestreiche sie mit Ketchup und belege sie jeweils mit einer Bulette, einer Tomatenscheibe und einem Stück Eisbergsalat. Und noch mit allem, was du gern auf deinem Burger magst.

Miniburger

Nachgefragt

WAS BEDEUTET EIGENTLICH TEIG GEHEN LASSEN?

Gehen lassen bedeutet eigentlich einfach stehen lassen. Du musst deinen Hefeteig nämlich bloß eine Weile abgedeckt an einem warmen Ort in Ruhe lassen. Was nach Dösen aussieht, ist in Wahrheit ein kleines Wunder: Im Teig beginnen nämlich die kleinen Hefepilze, das sind winzig kleine Organismen, mit ihrer Arbeit. Und die braucht eben Zeit. Die Hefepilze beginnen sich bei Wärme stark zu vermehren, wenn sie mit Zucker, Mehl, Milch und Wasser in Berührung kommen. Dabei wird ein Teil des Zuckers im Teig in Kohlenstoffdioxid umgewandelt. Dieses Gas bläst den Teig in Form von vielen kleinen Bläschen auf und macht ihn locker und luftig. Weil der Teig so zäh ist, bleibt das Gas darin gut gefangen. Ohne Hefe würde aus dem Teig nach dem Backen ein steinharter Fladen.

Experiment

PUSTE-HEFE

Wie die Hefe wirkt, kannst du mit diesem einfachen Experiment sehen.

DU BRAUCHST:
- 3 Teelöffel Trockenhefe
- 2 Teelöffel Zucker
- 1 Trichter (falls du hast)
- warmes Wasser
- 1 leere Plastikflasche
- 1 Luftballon

UND SO GEHT'S: Fülle die Hefe und den Zucker in die Flasche, am besten geht das mit einem Trichter, den du in den Flaschenhals steckst. Lasse lauwarmes Wasser in die Flasche laufen, bis sie etwa zu einem Viertel gefüllt ist. Stülpe den Luftballon über den Flaschenhals und warte zwei bis drei Stunden.

Was passiert? Die Hefe pustet deinen Ballon auf – zumindest ein bisschen. Wie du oben gelesen hast, essen die winzigen Hefepilze den Zucker auf und erzeugen dabei das Gas Kohlenstoffdioxid. Dieses Gas steigt nach oben in den Ballon und pustet ihn auf – genau wie einen Hefeteig.

GEHEIMES WISSEN MINZE

Minze wird schon seit langer Zeit angebaut. Nicht nur als Gewürz, sondern auch als Heilpflanze. Verantwortlich für ihre heilende Wirkung ist ihr Öl, das Menthol. Studien haben bestätigt, dass es gegen viele Arten von Kopfschmerzen hilft, wenn man daran schnuppert. Genauso gut, wie eine bekannte Tablette, die die Erwachsenen oft schlucken. Polly und ich streuen uns gern Minze auf unsere Wassermelone oder legen ein Blatt davon in unseren Cocktail. Und wir machen uns gern einen Tee daraus. Dafür legen wir einen kleinen Stiel mit Blättern in eine Tasse, gießen vorsichtig heißes Wasser drauf, lassen den Tee fünf Minuten ziehen und süßen vielleicht mit einem Teelöffel Honig. Schmeckt sehr lecker!

Wissen

Spiele

DREI LUSTIGE SPIELE FÜR DEINE GEBURTSTAGSPARTY

OBST-AUF-DEM KOPF-MALWETTBEWERB

Du brauchst mindestens drei Mitspieler ab fünf Jahren, Papier, eine Unterlage, zum Beispiel ein Bilderbuch, und einen Bleistift. Teile deine Gäste in zwei Gruppen ein. Jeweils einer aus der Gruppe malt jetzt ein Obst, zum Beispiel Banane, Apfel oder Erdbeere. Der andere muss es erraten. Zu leicht? Dann legt sich der Maler die Unterlage mit einem Blatt Papier auf den Kopf und malt das Obst überkopf. Haha, mal sehen, was dabei für interessante Früchte herauskommen…

ERBSENLAUF

Dieses Spiel funktioniert super als Staffel und am besten mit sechs bis zehn Kindern. Teile deine Gäste zunächst in zwei Gruppen ein. Pro Gruppe stellst du ans Ende einer kleinen Laufstrecke eine leere Schale. Vorne an die Startlinie stellst du eine Schale mit acht bis zwanzig getrocknete Erbsen (je nach Menge der Mitspieler). Jedes Kind braucht außerdem einen Strohhalm. Mit dem Startsignal nimmt der erste Läufer seinen Strohhalm ein kleines Stück in den Mund, saugt eine Erbse an und läuft damit vorsichtig auf die andere Seite. Dort lässt er die Erbse mit Gefühl in die leere Schale plumpsen. Die Gruppe, die als erstes alle Erbsen hinübertransportiert hat, gewinnt. Wer seine Erbse unterwegs verliert, muss noch mal neu anfangen.

SPAGHETTIZIEHEN

Du brauchst mindestens drei Mitspieler, Wollfäden in unterschiedlichen Längen (etwa zwischen 30 bis 70 Zentimeter) und ein Küchensieb. Bevor ihr losspielt, steckst du die Wollfäden von innen als Spaghetti ein Stück durch die Löcher des Siebs, sodass sie unten durchbaumeln. Ins Sieb kannst du ein Geschirrhandtuch legen, damit niemand

die Wollfadenenden sehen kann. Jetzt darf jeder Mitspieler einmal ziehen. Derjenige, der die längste Fadennudel gezogen hat, bekommt eine kleine Überraschung.

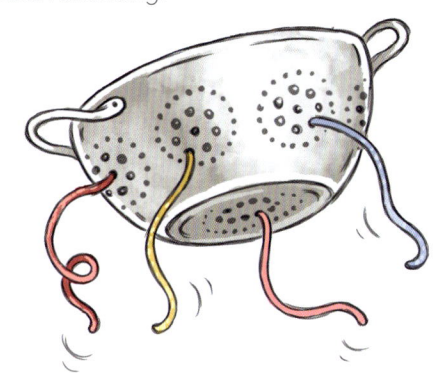

Wissen

Herbstanfang

Und dann, eines Tages, merke ich plötzlich, dass der Herbst da ist. Morgens liegt Nebel auf unserem Rasen im Garten und den Wiesen dahinter, wie eine kuschelige Babydecke. Die Luft riecht rauchig und feucht, es wird abends kühler und viel früher dunkel. Am 23. September sind Tag und Nacht genau gleich lang. Danach werden die Tage wieder kürzer. „Es herbstelt", sagt Mama und guckt ein wenig traurig dabei. Aber in meinem Bauch kribbelt es, denn ich freue mich auf all die Herbstherrlichkeit. Wenn ich ihr dann vom Waldspaziergang durch bunte Bäume erzähle, von raschelndem Laub auf dem Boden, vom Kastaniensammeln und damit basteln, dann lächelt und freut sie sich auch. Ich frage dann meistens auch gleich, wie lange es denn noch bis Weihnachten ist. „92 Tage!", sagt Mama. Dann gucke ich kurz traurig, weil das wie eine halbe Ewigkeit klingt. Bis mir einfällt, was wir bis dahin noch alles Tolles machen. Und dann freue ich mich doch wieder.

MEINE SEITE

Hier ist Platz für ein Rezept, eine Geschichte oder ein selbstgemaltes Bild.

_____

_____

_____

_____

_____

_____

_____

_____

_____

_____

_____

_____

_____

_____

_____

_____

OKTOBER

Der Herbst ist herrlich bunt. Wir pflücken knallrote Äpfel,
sammeln gelbe Blätter und bewundern abends einen leuchtend rosa Himmel.
Bei uns zu Hause duftet es nach ofenwarmen Apfelkuchen.

HALLO HERBST

Im Oktober können Polly und ich immer noch eine ganze Menge in unserem Garten ernten. Am allermeisten aber Äpfel. Davon haben wir so viele, dass wir darauf einmal um die Welt hüpfen könnten, wenn wir sie hintereinander auslegen würden, behauptet mein Bruder. Das glaube ich nun nicht, die Welt ist ja riesig. Aber viele Äpfel sind es schon.

Polly und ich backen im Oktober jede Menge Apfelkuchen, Apfel-Pfannkuchen und kochen Apfelmus. Mein großer Bruder verbringt sogar nahezu den gesamten Oktober oben im Apfelbaum. Bestimmt auch, damit er nicht so oft den Geschirrspüler ausräumen muss. Eigentlich sind wir aber alle gern auf der Fallobstwiese hinter unserem Garten. Sonst spielen wir nach dem Abendbrot oft noch ein Spiel, aber zur Apfelzeit wünschen wir Kinder uns meistens, dass wir stattdessen alle zusammen nach draußen gehen und Äpfel ernten. Mama trägt dann Opas großen Apfelpflücker und Papa einen großen Korb, meine beiden kleinen Brüder zwei kleine Körbe. Und dann ziehen wir los. Mama und Papa pflücken mit dem Pflücker und mein großer Bruder und ich klettern in die Bäume und pflücken dort mit der Hand. Meine kleinen Brüder stehen unten und fangen die Äpfel auf, die wir runter schmeißen. Also manche. Und mein kleinster Bruder? Der beißt jeden Apfel einmal an und macht uns alle wahnsinnig damit.

Wir haben so viele Äpfel, dass wir Kinder im Oktober regelmäßig einen Apfelstand an der Straße er-

öffnen. Sonst hatten wir immer bloß eine alte Kiste, aber dieses Jahr hat Mama mit uns einen richtigen Stand gebaut. Der Stand ist so schön, dass wir gleich beschlossen, ab jetzt auch zur Blumen- und Kirschenzeit unseren Laden zu eröffnen. Das Schild oben kann man ja immer ändern. Mama hat uns auch Papiertüten spendiert, die wir mit Äpfeln aus Wasserfarben bedruckt haben. Richtig toll sah das aus. Oma meinte, mit solchen hübschen Verpackungen könnten wir gleich das Doppelte nehmen.

Nachmittags ist meist nicht viel los, aber gegen Abend, wenn viele aus der Stadt zu uns zurück ins Dorf gefahren kommen, dann verkaufen wir wie verrückt. Einmal, ganz am Anfang, haben wir irre lange oben am Stand gewartet. Wir haben alles immer wieder umdekoriert. Irgendwann haben wir angefangen Lieder zu singen, um die Leute auf uns aufmerksam zu machen. Aber die Autofahrer schauten nicht mal und die Radfahrer grinsten bloß und nickten uns zu.

Einmal rief eine Frau: „Ich habe leider kein Geld dabei, deshalb kann ich nichts kaufen!" Und stellt euch vor, da rief mein kleinerer Bruder: „Aber ich hab Geld, dann geht's!" Dabei hielt er ihr unser Marmeladenglas mit dem Wechselgeld hin. Da war er wirklich noch furchtbar klein, dass er auf so eine blöde Idee kam. Lachen mussten wir aber trotzdem alle, auch die Frau. Und stellt euch vor, da fuhr sie extra nach Hause, holte ihr Geld und kaufte gleich drei Tüten mit Äpfeln.

Ende Oktober wird es meist zum ersten Mal so richtig kalt bei uns hinterm Deich. Dann haben wir meistens keine Lust mehr, den ganzen Nachmittag an der Straße zu stehen. Dann ist aber zum Glück auch bald schon wieder Halloween und das feiern wir immer mit Freunden. Letztes Jahr waren wir bei Freunden eingeladen und zogen später alle zusammen los. Dabei ist es egal, ob es kalt ist oder nicht. Es ist einfach so aufregend. Dieses Jahr kommen alle zu uns. Klar, dass Polly und ich uns um ein paar leckere Sachen fürs Buffet kümmern.

Für uns zuhause hatte Mama im letzten Jahr eine besonders gute Idee: Wir haben in einen Kürbis ein Gesicht geschnitten. Das machen wir ja immer. Oben haben wir dieses Mal aber mit dem Korkenzieher ganz viele kleine Löcher gebohrt und Lutscher hineingesteckt. Das sah aus, als hätte der Kürbis Lutscher-Locken. Total cool. Ich war fast ein wenig traurig, dass wir nicht selbst bei uns klingeln gehen konnten. Als wir allerdings spät abends von unseren Freunden wiederkamen, waren fast alle Lutscher-Locken noch da. Wir wohnen nämlich ganz hinten im Hinterhof – da kommen überhaupt nicht viele Kinder an Halloween vorbei. So mussten wir eine ganze Menge Lutscher selbst lutschen. „Aber nur ausnahmsweise", seufzte Mama. Mein kleinerer Bruder hat ziemlich viel Angst an Halloween. Sogar vor unseren verkleideten Freunden. Ein bisschen gruselig ist es ja aber auch, bei fremden Leuten zu klingeln, wenn man gar nicht weiß, wer einem die Tür aufmacht. Einmal hat jemand nicht aufgemacht und gerade als wir gehen wollten, öffnete sich doch noch die Tür und da stand ein gruseliges Gespenst und brüllte. Ich sage euch, wir sind vielleicht gerannt und haben alle noch lauter gebrüllt. Es war aber bloß ein Nachbar von unseren Freunden. Und eine besonders große Schale mit Süßkram hatte er auch. Da haben wir ihm verziehen.

Rezept

Halloween Party Snacks

Es macht irre Spaß, sich gruseliges Essen für das Halloween-Buffet auszudenken. Bei uns gab es dieses Jahr Spinnen, Gebisse und kleine Kürbisse, die sogar mein kleinerer Bruder mochte.

Knusprige Spinnen

Für etwa 10 Spinnen brauchst du:
- **20 runde Cracker**
- **40 Salzstangen**
- **Frischkäse**
- **ein Stück rote oder gelbe Paprika**

Und so geht's: Streiche Frischkäse auf einen Cracker. Brich vier Salzstangen in jeweils zwei Hälften und drücke diese seitlich als Spinnenbeine in den Frischkäse. Setze einen zweiten Cracker oben darauf und drücke ihn leicht an. Für die Spinnenaugen klebst du mit Frischkäse jeweils zwei kleine Stücke Paprika auf den oberen Cracker.

Apfelgebisse

Für etwa 10 Gebisse brauchst du:
- **2 bis 3 Äpfel**
- **Erdnussbutter**
- **Mini-Marshmallows**
- **eventuell Schokolade**

Und so geht's: Schäle die Äpfel, entferne die Kerngehäuse und schneide den Apfel in fingerdicke Spalten. Nimm pro Gebiss jeweils zwei Spalten, bestreiche sie jeweils auf einer Seite mit Erdnussbutter und drücke die Marshmallows als Zähne hinein. Und vielleicht ein Stück Schokolade als schwarzer Zahn. Uääähh...!

Mandarinen Kürbisse

Für die Kürbisse brauchst du:
- **Mandarinen oder Orangen**
- **1 Stück Kohlrabi**

Und so geht's: So einfach, so gut: Schäle für jeden Gast eine Mandarine, sodass die einzelnen Stücke zusammenbleiben. Schneide von dem Kohlrabi einen Streifen ab und diesen in zwei bis drei kleine Stiele. Stecke nun einen dieser Stiele in jede Mandarine. Fertig sind deine Mandarinen-Kürbisse.

Wissen

GEHEIMES WISSEN SALZ

Erwachsene meinen mit Salz meist unser Speisesalz, das sie auch Kochsalz nennen. Es besteht aus Natriumchlorid. Wir Menschen (und auch Tiere) brauchen Salz. Keine unserer Zellen könnte ohne Salz überleben, das Herz könnte nicht schlagen, alle Nerven wären lahmgelegt und die Verdauung würde nicht funktionieren. Wenn man allerdings zu viel davon isst, kann man davon krank werden. Salz war früher richtig wertvoll, weil dadurch nicht nur alles besser schmeckte, sondern weil man damit auch Lebensmittel haltbar machen konnte. Manchmal wurde es wie Geld verwendet. Kein Wunder, dass ein altes Sprichwort sagt: „Auf Gold kann man verzichten, aber nicht auf Salz." Verrückterweise regnet es sogar Salz aus dem Weltraum! Forscher nehmen an, dass durch kleine Meteoriten täglich bis zu 300 Kilo Natrium auf die Erde rieseln. Damit könnten wir unseren Salzstreuer viele, viele Male füllen.

Rezept

Linden-Schokoladenblätter

Ich liebe alte Sagen. Besonders gern mag ich die Sage von Siegfried und dem Lindenbaum, die mir Opa vor einer Weile erzählt hat. Siegfried badete im Blut eines Lindwurmes, um dadurch unverwundbar zu werden. Leider klebte ihm ein Lindenblatt genau zwischen den Schultern. An dieser Stelle blieb er dadurch verwundbar - und das kostete ihn am Ende sein Leben.

Opa hat mir auch noch erzählt, dass er früher mit seiner Mutter manchmal Lindenblätter-Schokolade gemacht hat. Wenn er in der Schule verprügelt wurde, zum Beispiel. Die Schoki in Lindenblätterform soll nämlich Gerechtigkeit symbolisieren. Und durch die Herzform Glück bringen – mehr als bei Siegfried hoffentlich. Ich stelle mir vor, dass geschmolzene Schokolade ein bisschen wie Drachenblut aussieht. Allein deswegen finde ich die Sache aufregend. Für die Schokoblätter brauchst du fünf bis sieben hübsch geformte Lindenblätter. Du füllst dann einen Topf drei Finger hoch mit Wasser und stellst eine Metallschale hinein. Breche eine Tafel Schokolade in kleine Stückchen und werfe sie in die Metallschale. Nun erhitzt du das Wasser und die Schokolade beginnt durch das heiße Wasser zu schmelzen. Es darf kein Wasser in die Schokolade kommen, sonst ist sie hin. Wenn man Schokolade direkt im Topf erhitzen würde, dann würde sie schnell anbrennen und außerdem zäh werden.

Wenn die Schokolade flüssig ist wie Drachenblut, dann streichst du sie nicht zu dünn auf die Lindenblätter. Achtung! Topf, Schale und Schoki sind heiß! Lasse alles trocknen, ziehe die Blätter vorsichtig ab und übrig bleibt ein Lindenblatt aus Schokolade. Cool, oder?

Bastelidee

PUSTE-HIMMEL-HERBSTBILD

Im Herbst sieht der Himmel oft ganz besonders schön aus. Ist dir das schon aufgefallen? Polly und ich haben uns einmal mit dicken Pullovern auf eine Decke gelegt und Himmel-TV geschaut, so hat Polly das genannt. Die Wolken sahen aus wie wilde Tiere, Riesen und Dinosaurier und sie sind mit offenen Wolkenmäulern um die Wette geflogen. Das war echt cool. Hinterher hatte Polly die Idee, ein Puste-Himmel-Bild zu machen. Das hatte sie so ähnlich mal in der Schule gemacht. Dafür haben wir zuerst ein großes, weißes Blatt himmelblau angemalt und es trocknen lassen. Dann haben wir in einem alten Glas einen Klecks Deckweiß mit wenig Wasser verrührt und mit dieser Farbe Wolken auf unser Himmelsbild gekleckst. Dann haben wir einen Strohhalm genommen und die Wolken verpustet. Das hat so einen Spaß gemacht! Eine meiner Wolken hatte ein Riesenmaul und sah aus, als wolle sie die anderen Wolken fressen.

Rezept

Laugen(trick)-Brötchen

Laugenbrötchen esse ich schrecklich gern. Es gibt sie bei uns immer auf dem Halloweenbuffet. Selbst gebacken haben wir sie sonst nie, weil Mama immer meinte, das sie gefährlich sind. Was Laugenbrötchen für mich irgendwie noch besser macht. (Warum sie gefährlich sind, liest du im Tipp). Jetzt hat Mama von der Freundin einer Freundin ein kindersicheres Rezept bekommen. Super Sache!

Für 12 Brötchen brauchst du:

Für den Teig:
- 500 Gramm Weizenmehl Typ 550
- 2 Teelöffel Salz
- 1 Teelöffel Zucker
- 1 Würfel Hefe
- 250 Milliliter lauwarmes Wasser
- 2 Esslöffel weiche Butter

Für die Lauge:
- 50 Gramm Natron (auf 1 Liter Wasser)
- 1 bis 2 Esslöffel grobes Meersalz

Und so geht's: Zerbrösele die Hefe in das lauwarme Wasser. Mische das Mehl, den Zucker und das Salz in einer Schüssel. Rühre die aufgelöste Hefe und die Butter mit dem Knethaken des Handrührers darunter. Knete den Teig auf diese Weise gut durch, wenn du magst, auch nochmal mit den Händen. Decke die Schüssel mit einem Geschirrhandtuch ab und stelle den Teig für mindestens eine Stunde an einen warmen Ort, damit er gehen kann.

Heize den Backofen auf 200 Grad Ober- und Unterhitze vor. Fülle einen großen Topf zur Hälfte mit Wasser, gieße das Natron hinein und lasse das Wasser aufkochen. Vorsicht! Forme aus dem Teig mandarinengroße Kugeln. Warte, bis das Wasser ordentlich schäumt. Bade die Teigkugeln auf einem Schaumlöffel für 20 Sekunden (langsam bis 20 zählen) in der Lauge und nimm sie dann heraus. Lasse kurz das Wasser über dem Topf abtropfen und lege die Kugeln auf ein mit Backpapier ausge-

legtes Backblech. Schneide oben jeweils ein Kreuz in deine Brötchen und bestreue sie mit ein wenig grobem Salz. Backe die Brötchen für 25 Minuten, bis die Oberfläche rehbraun glänzt.

Nachgefragt

WARUM HEIßT DAS LAUGENBRÖTCHEN LAUGENBRÖTCHEN?

Laugenbrötchen heißen so, weil sie tatsächlich in eine Lauge getaucht werden, genauer gesagt in Natronlauge (das ist in Wasser gelöstes Natriumhydroxid). Beim Backen reagiert die Natronlauge mit der Oberfläche der Brötchen und macht sie so besonders braun, knusprig und herzhaft. Dadurch erhält Laugengebäck den speziellen Geschmack. Wir nehmen statt Natronlauge Natron (Natriumhydrogencarbonat)! Das Natron wird in heißem Wasser aufgelöst, dabei reagiert das Natron mit Wasser zu Kohlenstoffdioxid und Natriumcarbonat. Das macht eine schwache Lauge und ermöglicht uns die kindersichere Herstellung von Laugengebäck.

APFEL-GIRLANDE

So eine Apfelgirlande ist schnell gemacht und sieht total hübsch aus am Fenster oder über dem Bett. Vielleicht feierst du mit deiner Familie dieses Jahr auch mal ein kleines Apfelfest? Wenn du die Girlande jedes Jahr wieder aufhängen möchtest, dann solltest du Stoff als Untergrund nehmen und die Äpfel mit Stofffarben darauf drucken.

DU BRAUCHST:
- weiße Papierrechtecke (oder welche aus Stoff)
- einen Apfel
- ein Messer
- Wasserfarben (oder Stofffarben)
- Pinsel
- Locher oder Nadel
- Faden

UND SO GEHT'S: Apfel aufschneiden, eine Hälfte mit Farbe und Pinsel anmalen. Besonders hübsch sieht es aus, wenn du mehrere Farben verwendest. Zum Beispiel gelb innen und rot außen oder grün mit einem Klecks gelb. Drucke die bemalte Apfelhälfte dann fest auf das Papier oder den Stoff. Wenn alles gut getrocknet ist, kannst du die Papierrechtecke entweder lochen und auf einen Faden fädeln. Oder du nähst sie mit Nadel und Faden aneinander.

Falls ihr keinen Apfelbaum habt oder Papa aus dem Fallobst Apfelmus kochen will, funktioniert das Spiel auch mit Schuhen, Hüten oder Bällen.

GEHEIMES WISSEN APFEL

Der Edelborsdorfer Apfel gilt als die älteste dokumentierte Sorte in Deutschland und wurde im 12. Jahrhundert erstmals erwähnt. Zu der Zeit waren überall in Europa Ritter unterwegs.

Der schwerste Apfel der Welt wurde angeblich in Japan gepflückt und wog 1,8 Kilo. Normalerweise wiegen Äpfel etwa 200 Gramm.

Wenn du versuchst einen Apfelbaum aus einem Samen zu ziehen, trägt er vermutlich keine Früchte. Und wenn, dann sehen die Äpfel nicht so aus, wie die, deren Samen du eingepflanzt hast. Die meisten Apfelbäume wachsen nämlich nicht aus einem Samen, sondern entstehen durch Veredelung. Dabei nimmt man den Ableger eines Apfelbaumes und setzt ihn auf einen anderen Apfelbaum. Daraus wächst dann ein neuer Baum. Deshalb sind alle Äpfel im Supermarkt eigentlich Klone und keine Geschwister. Klingt aufregend wie in einem Science-Fiction-Film, oder?

GIFTIGER APFEL

Mit all den Äpfeln, die mit einem Wurmloch am Boden liegen spielen wir gern das „Giftiger Apfel"-Spiel. Du brauchst dafür mindestens drei Mitspieler und es geht so: Zuerst steckst du mit Stöckern ein Spielfeld im Gras ab. In die Mitte legst du ein Seil, das das Spielfeld in zwei Hälften teilt. Jetzt werden auf jede Seite drei oder vier Wurmäpfel gelegt. Stell dir vor, diese Äpfel seien vergiftet. Auf ein Startsignal hin, müssen jetzt beide Mannschaften versuchen, die Äpfel aus ihrem Spielfeld weg und ins Spielfeld der anderen zu bekommen. Werfen, kicken, schieben ist erlaubt – nur betreten darf man das gegnerische Spielfeld nicht. Wenn das Schlusssignal ertönt, steht ihr alle still. Die Mannschaft, mit den wenigsten Giftäpfeln in ihrem Feld hat gewonnen.

Apfelkuchen zum Löffeln

Dieser knautschig köstliche Apfelkuchen ist so richtig lecker und saftig. Am besten backst du ihn in einer Auflaufform und servierst ihn hinterher in kleinen Schälchen und mit einem Löffel. Und das Beste: In den Teig kommen bloß Sachen, die ihr ganz bestimmt immer zuhause habt. Daher ist der Kuchen auch super geeignet für spontane Back-parties mit Freunden.

Für 3 Personen brauchst du:
- 115 Gramm weiche Butter
- 2 Äpfel (am besten säuerlich)
- ein paar Spritzer Zitronensaft
- 150 Gramm braunen Zucker
- 120 Milliliter Milch
- Salz
- 130 Gramm Weizenmehl (405)
- 1 Teelöffel Backpulver
- Vanilleeis und/oder Schlagsahne

Und so geht's: Heize den Backofen auf 175 Grad Ober- und Unterhitze vor. Schäle die Äpfel, entferne das Kerngehäuse und schneide die Äpfel in kleine Würfel. Gib ein paar Spritzer Zitronensaft über die Äpfel, damit sie nicht braun werden und drei bis vier Esslöffel von dem braunen Zucker.
In einer Rührschüssel verrührst du die weiche But-ter, den restlichen Zucker, Milch und eine Prise Salz mit dem Handrührgerät. Dann rührst du Mehl und Backpulver unter. Fette eine Auflaufform ein, gib den Teig hinein und werfe die Apfelstü-cke darüber. Drücke sie ein wenig in den Teig. Backe deinen Kuchen für 20 bis 25 Minuten. Lass ihn dir mit Vanilleeis und/oder Schlagsahne schmecken!

Chicken Nuggets

Eins meiner Lieblingsessen, das noch viel besser als irgendwo unterwegs schmeckt, wenn wir sie selbst machen. Dann machen wir nämlich eine Geheimzutat in die Panade: Röstzwiebeln!

Für 4 Personen brauchst du:
- 4 große Hähnchenbrustfilets
- 1 tiefen Teller mit Mehl (405)
- 1 tiefen Teller mit zerkrümelten Cornflakes oder Semmelbröseln (oder beides gemischt)
- 3 Esslöffel zerkrümelte Röstzwiebeln
- 1 tiefen Teller mit zwei gequirlten Eiern
- Salz
- 1 Prise Pfeffer
- 1 Teelöffel mildes Paprikapulver
- Sonnenblumenöl

Und so geht's: Schneide die Hähnchenbrustfilets mit einem scharfen Messer vorsichtig in finger-dicke Streifen. Würze das Ei mit drei Prisen Salz, Pfeffer und Paprikapulver. Baue dir eine Panier-straße. Stelle dafür die Teller mit Mehl, Ei und die Cornflakes vermischt mit Röstzwiebeln nebenein-ander auf. Gib etwas Öl in eine Pfanne und erhitze es. Wälze jedes Fleischstück dann in Mehl, dann in Ei und dann in Cornflakes. Drücke die Panade ein bisschen fest. Gib die Fleischstücke vorsichtig mit einem Bratenwender ins Öl. (Achtung, sehr heiß!) Brate deine Chicken Nuggets von beiden Seiten goldbraun.

MEINE SEITE

Platz für ein Lieblingsrezept, eine Geschichte oder ein Bild mit einem gedruckten Apfel.

_____

_____

_____

_____

_____

_____

_____

_____

_____

_____

_____

_____

_____

_____

_____

_____

NOVEMBER

Nieselige Novembertage sind perfekt dafür, um mit Freunden
gemeinsam an einem großen Tisch zu sitzen und bei Kerzenlicht gemütlich
zu essen. Und vorher? Toben wir uns in der Küche aus...

BESUCH UND BETTRUHE

Einmal am Wochenende bekamen Mama und Papa Besuch von Freunden, die sie selten sehen und da fragte Mama zwei Tage vorher Polly und mich, ob sie uns vielleicht für die Hauptspeise buchen könne. Da wusste ich, dass das mit unserem Kochclub eine richtig große, ernstzunehmende Sache geworden war. Und ja klar, durfte sie uns buchen. Mein Herz hat so irre laut geklopft, als Polly und ich die Teller mit unserem Essen servierten, dass ich dachte, alle könnten es hören. Aber zum Glück unterhielten sich Mama und Papa und ihre Freunde laut und klimperten mit den Löffeln, Tellern und Gläsern. Polly und ich hatten uns jeweils eine Schürze umgebunden, bemühten uns die ganze Zeit zu lächeln und Bitte und Danke zu sagen. Es war anstrengend, aber es hat auch so viel Spaß gemacht. Als die Gäste ihre vollen Gabeln zum Mund führten, fühlte ich Schweißperlen bei mir auf der Stirn, so wie in der Schule, wenn ich ein Gedicht aufsagen soll.

Geschnetzeltes haben wir gemacht, weil das jeder mag. Es schmeckte auch wirklich allen super – und die Freunde fragten sogar, ob sie uns auch mal buchen könnten. Ich sage euch, da sind wir beide knallrot geworden, Polly und ich. Leider wohnen die Freunde in München, was von Hamburg wirklich sehr weit weg ist. Deshalb denken Polly und ich jetzt übers Einkochen nach. Das soll ja wieder voll im Trend sein...

Als ich den Erwachsenen beim Essen zugesehen habe, musste ich plötzlich lachen. Ich hatte nämlich daran gedacht, dass Mama mir vor einer Weile erzählt hatte, dass es in China völlig okay ist, beim Essen zu schlürfen und zu schmatzen. Ich musste echt leise lachen bei der Vorstellung, dass meine Eltern und ihre Freunde das plötzlich machten und Polly auch, als ich es ihr ins Ohr flüsterte. Mama und Papa und ihre Gäste haben alle aber ziemlich ordentlich gegessen - nur ganz selten hat mal einer seinen Kopf mit dem Arm gestützt. Das findet Mama bei mir beim Essen ganz schlimm und erinnert mich immer dran, dass ich ja noch nicht achtzig sei und doch bitte gerade sitzen solle, mit beiden Händen am Besteck.

Einer von den Erwachsenen hatte sogar die ganze Zeit seine Hand auf dem Schoß liegen, obwohl die doch aus Höflichkeit ganz unbedingt beide mit auf den Tisch gehören. Ich musste schon wieder lachen. Mir fiel nämlich ein, was unsere Lehrerin letztens erzählt hatte. Dass es in Amerika höflich ist, eine Hand beim Essen immer unter dem Tisch zu haben. Die Leute schneiden sich vorher alles selbst klein. Angeblich stammt diese Sitte aus dem Wilden Westen. Weil die Cowboys nämlich jederzeit bereit für eine Schießerei sein wollten, legten sie immer eine Hand auf ihren Revolver, den sie in einer kleinen Tasche an der Hüfte trugen. Polly und ich prusteten bei der urkomischen Vorstellung, dass einer von Mamas Gästen eigentlich ein Cowboy wäre, so laut los, dass Polly keine Luft mehr bekam und Papa besorgt fragte, ob alles in Ordnung sei.

Im November ist sonst nicht viel los, außer Mamas Geburtstag. Den feiert sie meistens mit ihren Freundinnen und kocht alles selbst, weil Mama auch so gern kocht. Und dann ist noch der

Dass Hühnersuppe wirklich bei Erkältung helfen kann,
hat eine amerikanische Ernährungsexpertin bewiesen.
Nach ihrer Studie hilft das Eiweiß im Hühnerfleisch
unserem Immunsystem gegen die Erkältung zu kämpfen.
Der heiße Dampf öffnet die Atemwege.

große Laternenumzug bei uns im Dorf. Meine beiden kleinen Brüder freuen sich immer richtig drauf, heulen dann aber die meiste Zeit herum und lassen Mama ihre Laternen tragen. Beim letzten Mal haben Mama und Papa daher den Bollerwagen mitgenommen. Da gab es kein Geschrei, das war herrlich. Mama hatte den Bollerwagen sogar mit einer Lichterkette geschmückt und es lagen mehrere Decken drin. Wer seine Laterne nicht mehr tragen wollte, konnte sie einfach hinten dran klemmen.

Mein großer Bruder und ich wollten dieses Jahr eine Fackel statt einer Laterne tragen. Weil Mama echte Fackeln aber ein bisschen gefährlich im dichten Martinszuggedrängel fand, hat sich mein Bruder eine völlig ungefährliche Fackel aus einer alten Plastikflasche gebastelt. Das Beste am Laternegehen ist übrigens, dass sich immer noch alle vor dem Kindergarten auf einen Punsch und eine Bratwurst treffen. Die freiwillige Feuerwehr zündet ein Lagerfeuer an, mein großer Bruder und ein paar andere spielen ein paar Lieder auf der Gitarre, alle singen und es ist wirklich feierlich. Und hinterher spielen alle größeren Kinder Verstecken auf dem dunklen Kindergartenspielplatz.

Leider ist nach dem Laternenumzug meistens einer von uns krank. Und wenn einer krank ist, liegen ein paar Tage später auch alle anderen mit Schnupfen da. Das kenne ich schon. Meistens schnieft als erster mein kleine-

rer Bruder, aber dieses Mal war es Mama, die sich ins Bett legte und nichts mehr konnte außer ab und zu ihre Nase zu putzen. Und zu seufzen.

Da haben Polly und ich ihr diese Hühnerklößchensuppe nach einem Rezept von Oma gekocht. Sie hat von einem Ohr bis zum anderen gelächelt, wie sie da so in ihrem Bett saß, mit hochstehenden Haaren und einer feuerroten Nase. Und da habe ich wieder gemerkt, wie viel Spaß es macht, anderen eine Freude zu machen. Polly und ich schüttelten ihr Kissen auf, stellten ihr ein Tablett mit Suppe auf den Schoß und Polly las ihr etwas vor, während ich meinen kleinsten Bruder wickelte, damit sie das nicht machen musste.

Ein paar Tage später erwischte es mich. Und da revanchierte sich Mama tollerweise mit unserer Hühnerklößchensuppe. Und mit noch mehr Vorlesen.

Hühnerklößchensuppe

Diese Suppe ist die allerbeste, wenn man krank ist. Weil die butterweichen Klößchen super durch Halsschmerzhälse rutschen. Am allerbesten lässt man sie sich dann kochen und isst sie auf einem Tablett über einer Decke auf der Couch im Wohnzimmer. Oder ganz ausnahmsweise im Bett. Sie schmeckt aber auch an ganz normalen Tagen am Tisch richtig lecker.

Du brauchst:

Für die Klößchen:
• 400 Gramm Hühnchenbrustfilet
• 2 Eier
• 100 Milliliter kalte Schlagsahne
• Salz
• Pfeffer

Für die Suppe:
• 1 Zwiebel
• 1½ Liter Hühnerbrühe
• Salz
• Pfeffer
• 1 Bund Suppengrün
• 2 Lorbeerblätter
• 4 Pimentkörner
• 2 Esslöffel Öl
• 2 Esslöffel geriebenen Parmesan
• 2 Stängel Petersilie

Und so geht's:

Für die Suppe: Schäle die Möhren und den Sellerie aus dem Suppengrün und schneide alles auf einem Brett mit einem scharfen Messer in kleine Würfel. Wasche den Porree, schneide das obere und das untere Ende ab, halbiere ihn und schneide ihn in kleine Streifen. Schäle die Zwiebel und schneide sie einmal in der Mitte durch. Gib das Öl in einen Topf und werfe Möhren, Sellerie, Porree und Zwiebelhälften dazu. Brate alles kräftig an, bis es duftet. Gieße die Brühe dazu, gib Lorbeer und

Pimentkörner dazu und lass die Suppe etwa zwanzig Minuten kochen.

Für die Klößchen: Fülle Wasser in einen großen Topf, gib einen halben Teelöffel Salz dazu und bringe das Wasser zum Kochen. Würfele das Hähnchenfleisch auf einem Brett mit einem scharfen Messer so fein wie möglich. Fülle das Fleisch mit Eiern, Sahne, einem halben Teelöffel Salz und ein bisschen Pfeffer in ein hohes, schmales Gefäß. Püriere alles mit dem Stabmixer. Drehe die Temperatur des kochenden Wassers herunter, sodass es nicht mehr kocht. Jetzt brauchst du zwei Teelöffel. Nimm mit dem einen eine kleine Menge Kloßteig auf die Löffelspitze und schiebe sie vorsichtig mit dem anderen ins heiße Wasser. Auf diese Weise lässt du ganz viele kleine Klößchen ins Wasser plumpsen. Lass sie gar ziehen, bis sie von selbst an der Oberfläche schwimmen. Nimm sie vorsichtig mit einer Schaumkelle heraus, lass sie über dem Waschbecken ein wenig abtropfen und gib sie zur Gemüse-Hühnerbrühe.

Lass deine Suppe nochmal zehn Minuten köcheln. Drehe die Temperatur runter, rühre den Parmesan in die Suppe, fische vorsichtig Lorbeer und Pimentkörner heraus und würze kräftig mit Salz und Pfeffer. Serviere die heiße Suppe mit zerschnippelter Petersilie.

Knusperstangen

Alle in unserer Familie mögen gern Salzstangen, weil die so schön knuspern. Was meint ihr, wie alle gestaunt haben, als Polly und ich sie mit unseren selbstgebackenen, Riesenstangen überrascht haben. Außer Salz kann man auch super Mohn oder Sesam darüber streuen. Die Salzstangen kann man perfekt krank im Bett zur Suppe wegknuspern.

Für 6 große oder 12 kleine Stangen brauchst du:

- **200 Gramm Mehl (405)**
- **100 Gramm Speisestärke**
- **½ Teelöffel Backpulver**
- **1 Teelöffel Salz**
- **2 Eier**
- **150 g Butter**

Zum Bestreichen:

- **1 Eigelb**
- **3 Esslöffel Milch**

Zum Bestreuen:

- **Salz**
- **Kümmel**
- **Sesam**
- **Haferflocken**
- **Mohn**

Und so geht's: Mehl, Speisestärke und Backpulver in eine Schüssel geben. Eine Mulde hineindrücken. Salz, Eier und die in Stücke geschnittene Butter hineingeben. Alles zu einem glatten Teig verkneten und 30 Minuten kalt stellen. Aus dem Teig gleich große Stangen formen und auf ein Backblech legen. Das Eigelb mit der Milch verrühren, die Stangen damit bestreichen und nach Geschmack mit Salz, Kümmel, Sesam, Haferflocken oder Mohn bestreuen. Bei 200 Grad je nach Dicke der Stangen bis zu 30 Minuten im vorgeheizten Backofen bei Ober- und Unterhitze backen.

NACHTS IM MUSEUM

Polly und ich haben uns schon ein paar Mal überlegt, wie herrlich gruselig es sein muss, nachts im Museum eingesperrt zu sein. Leider passiert sowas ja nicht. Vielleicht auch zum Glück. Eine ganze Nacht lang wäre es vielleicht auch zu gruselig. Darum tun Polly und ich mit ein paar Freunden gern zuhause mal so als ob. Dafür brauchen wir bloß unseren Flur oder eine Garage und eine Taschenlampe.

Mindestens zu acht sollte man schon sein, damit es Spaß macht, sich zuhause im Museum herumzutreiben. Einer ist dann Museumsführer und sucht sich einen Freund als Museumsgast aus. Beide schalten das Licht aus, verlassen den Raum – und zählen vor der Tür laut bis zwanzig. In dieser Zeit nehmen die Statuen – also die anderen Mitspieler – beliebige Positionen ein. Wenn Museumsführer und Besucher wieder hereinkommen, beginnt die Führung im Dunkeln.

Die beiden dürfen mit der Taschenlampe die Statuen beleuchten (nur nicht in die Augen!), ihnen Witze erzählen oder Grimassen schneiden. Nur berühren dürfen sie sie nicht! Die Statuen, die sich bewegen oder lachen müssen, verwandeln sich augenblicklich auch in Museumsbesucher. Sieger sind die letzten beiden Statuen. Die dürfen dann als Museumsführer und -besucher die nächste Runde starten. Sehr, sehr lustig, sage ich euch!

Wissen

GEHEIMES WISSEN SCHOKOLADE

Schokolade gibt es schon irre lange. Die Mayas schrieben bereits 250 nach Christi Geburt über Schokolade. Forscher vermuten allerdings, dass bereits die Olmeken um 1500 vor Christus die Kakaopflanze verwendeten. Was genau sie daraus machten, wissen wir heute nicht genau. Dennoch ist Schokolade definitiv eine Süßigkeit mit langer Geschichte.

Am 2. Mai 1947 gab es in Kanada eine Schokoladen-Demonstration. Etwa 500 Schulkinder gingen damals mit Plakaten auf die Straße, um gegen die hohen Preise für Süßigkeiten zu demonstrieren. Die Preise waren über Nacht um 60 Prozent von damals fünf auf acht Cent pro Tafel gestiegen. Was als Aktion eines kleinen Süßwarenladens begann, wurde dank eines Fotos in der Zeitung als „Schokoladen-Boykott" im ganzen Land bekannt.

Na sowas, Schokolade ist giftig. Nicht für uns – aber für Hunde und Katzen. Schuld ist das in der Kakaobohne enthaltene Theobromin. Das ist für den Menschen völlig ungefährlich, kann aber bei Tieren zu Krämpfen, Erbrechen und sogar zum Tod führen. (Also die Schoki lieber schnell selbst aufessen und niemals rumliegen lassen!)

Selbstgemachte Kinderknusperriegel

Rezept

Eine meiner liebsten Süßigkeiten kann man ganz leicht selbst machen. So schmeckt sie sogar noch besser als aus dem Supermarkt, finde ich – und man weiß, was drin ist, meint Mama.

Für 6 bis 8 Riegel brauchst du:
- 1 Tafel Vollmilchschokolade
- 1 Tafel weiße Schokolade
- 2 Esslöffel Sahne
- 1 Handvoll gepuffter Reis
- fein gehackte Nüsse

Und so geht's: Lege eine längliche Backform mit Backpapier aus. Schmelze die Vollmilchschokolade. Stelle dafür eine Metallschale in einen Topf mit drei Finger breit Wasser. Bringe das Wasser zum Kochen. Es darf auf keinen Fall Wasser in die Schokolade schwappen. (Vorsicht, heiß!) Gieße die Hälfte der Schokolade vorsichtig in die Backform. Verteile die Schokolade mit einem Esslöffel auf dem ganzen Boden. Schmelze die weiße Schokolade in einer zweiten Metallschale, rühre die Sahne, den gepufften Reis und die Nüsse hinein. Gib die Masse vorsichtig auf die dunkle Schokolade in der Backform. Verteile danach die restliche dunkle Schokolade über der weißen und lass alles kalt werden. Nimm die Schokomasse danach vorsichtig mit dem Backpapier aus der Form und schneide sie mit einem scharfen Messer in schmale Riegel. Kein bisschen gesund. Aber gut.

Polly und ich lieben Witze,
besonders den hier:
„Was für eine Sorte Schokolade ist das?"

„Meine!"

Selbstgemachte Kinderknusperriegel

Geschnetzeltes

Eins dieser Essen, das wirklich jeder mag. Und falls du kein Fleisch magst, nimmst du einfach mehr Champignons oder du ersetzt das Fleisch durch Tofu. Vielleicht kochst du dieses Essen gleich heute für deine ganze Familie? Oder du schenkst deiner Mama oder deinem Papa zum nächsten Geburtstag einen „Gutschein für Geschnetzeltes", den können sie dann einlösen, wenn sie mal überhaupt keine Lust haben zu kochen.

Für 4 Personen brauchst du:

- 600 Gramm Spätzle (am liebsten frisch aus dem Kühlregal)
- 500 Gramm Hähnchenbrustfilet
- 1 Zwiebel
- 250 Gramm Champignons
- ½ Teelöffel edelsüßes Paprikapulver
- 1 Teelöffel Tomatenmark
- 300 Milliliter Hühnerbrühe oder Gemüsebrühe
- 200 Milliliter Sahne
- Öl zum Anbraten
- 3 Esslöffel Butter
- Salz
- ½ Teelöffel Pfeffer
- 1 Esslöffel Zitronensaft
- 1 Esslöffel Speisestärke nach Bedarf
- eventuell ein Stängel Petersilie

Und so geht's: Zuerst schälst und schneidest du die Zwiebel in feine Würfel. Putze die Champignons, am besten geht das mit einer weichen Bürste und würfele sie. Schneide anschließend das Fleisch in etwa fingerbreite Scheiben. Gib einen Esslöffel Öl und einen Esslöffel Butter in eine Pfanne und erhitze beides. Gib das Fleisch dazu und brate es von allen Seiten an. (Vorsicht, das spritzt! Und ist heiß!) Zum Umrühren drehst du die Temperatur am besten nochmal kurz runter. Würze das Fleisch mit zwei Prisen Salz und ein paar Umdrehungen aus der Pfeffermühle. Kippe das Fleisch dann vorsichtig auf einen großen Teller.

Achtung! Wenn du das Rezept verdoppelst, weil du viele Freunde zum Essen eingeladen hast, dann brate das Fleisch am besten in zwei Portionen an. Es ist wichtig, dass es rundherum schön angebrutzelt wird. Du merkst es, wenn es in der Küche lecker duftet. Wenn du zu viel Fleisch in die Pfanne gibst, kocht das Fleisch statt zu braten – das schmeckt später langweilig.

Jetzt gibst du einen Esslöffel Butter und einen Esslöffel Öl in die Pfanne und brätst Pilze und Zwiebeln zusammen an. Gib das Tomatenmark dazu und röste es kurz an. Würze mit dem Paprikapulver, einer Prise Salz und etwas Pfeffer. Gib jetzt das Fleisch wieder dazu. Lösche mit der Brühe ab. Das klingt super profimäßig, meint aber einfach, dass du die Brühe über alles in der Pfanne gießt. Gieße dann auch noch die Sahne dazu und lass alles für zehn Minuten köcheln. Erhitze in einer zweiten Pfanne einen Esslöffel Butter und brate darin die Spätzle kurz an. Würze sie zum Schluss mit zwei Prisen Salz. Vermische in einer Schale einen Esslöffel Speisestärke mit zwei Esslöffeln Wasser und gieße die Mischung zum Geschnetzelten. Dadurch wird deine Soße sämiger. Man nennt das auch „andicken". Gib zum Schluss den Zitronensaft zum Geschnetzelten und lasse alles noch einmal fünf Minuten bei niedriger Temperatur ziehen.

Serviere dein Geschnetzeltes mit den Spätzle hübsch nebeneinander auf einem Teller und streue gern noch etwas gehackte Petersilie darüber. Meine Oma sagt immer: „Das Auge isst mit!" Ich stelle mir dann immer ein Auge mit Riesenmaul vor. Oma meint aber damit, dass alles einfach noch besser schmeckt, wenn es schön serviert wird.

Wissen

Nachgefragt

GEHEIMES WISSEN PAPRIKAPULVER

Paprikapulver ist tatsächlich gemahlene Paprika. Am bekanntesten ist das ungarische Paprikapulver, das es in verschiedenen Schärfegraden gibt: Extra, Delikatess, Edelsüß, Halbsüß und Rosenpaprika. Es wird pro Sorte immer schärfer, weil immer mehr Samen und Trennwände mit vermahlen werden. Ganz früher diente Paprikapulver bei ärmeren Leuten übrigens als Pfefferersatz.

WIE WIRD EIGENTLICH EINE PAPRIKA ZU PULVER?

Für Paprikapulver nimmt man übrigens nicht die gewöhnlichen Gemüsepaprika, sondern die deutlich kleineren Gewürzschoten. Die werden im Herbst geerntet, in einer Trockungsmaschine getrocknet und anschließend fein gemahlen.

Bastelidee

LÄSSIGE FACKELN FÜR DEN MARTINSLAUF

Mein großer Bruder hat sich dieses Jahr für den Martinslauf eine wirklich coole Fackel selbst gebastelt. Da haben die anderen Kinder vielleicht gestaunt, sage ich euch!

DU BRAUCHST:
- 1 möglichst geraden Stock
- 1 leere Plastikflasche
- Transparentpapier in rot, gelb und orange
- Schere
- Flüssigkleber
- Naturband
- 1 LED-Licht oder 1 Lichterkette mit Batterie

UND SO GEHT'S: Zuerst schneidest du mit einer wirklich spitzen Schere den Boden der Plastikflasche ab. Lass dir dabei vielleicht von einem Erwachsenen helfen. Beklebe die Flasche jetzt komplett mit gelbem Transparentpapier. Schneide aus dem orangen und roten Transparentpapier geschwungene Flammen und klebe sie überlappend auf das gelbe Papier. Schneide dann den oberen Rand der Flasche ein, damit er nach Flammen aussieht. Stecke die Öffnung der Flasche über den Stock und befestige ihn mit einem Klecks Flüssigkleber. Binde das Naturband um den Hals der Flasche und knote es gut fest. Stelle das LED-Licht oben in die Flasche oder lege die Lichterkette hinein. Fertig.

MEINE SEITE

Hier ist Platz für ein Rezept, eine Geschichte und vielleicht ein Foto von deiner Laterne oder Fackel.

_____

_____

_____

_____

_____

_____

_____

_____

_____

_____

_____

_____

_____

_____

_____

_____

_____

DEZEMBER

Jetzt duftet es nach Kerzen und Keksen und wir können es kaum erwarten,
dass endlich Weihnachten ist. Vorher gibt es aber noch jede Menge zu tun:
Geschenke basteln zum Beispiel.

VOM FEIERN UND FREUEN

Am ersten Morgen im Dezember bin ich immer ganz schnell wach, obwohl Mama mich an fast allen anderen Tagen im Jahr kaum aus dem Bett bekommt. Aber der erste Dezember ist so aufregend, weil wir dann das erste Türchen an unserem Kalender aufmachen dürfen. Eigentlich ist es gar kein Türchen, sondern eine Tasche an einem großen Wandkalender aus beigem Stoff im Flur. Mama füllt ihn jedes Jahr für uns und natürlich streiten meine Brüder und ich vorher immer ewig darüber, wer das erste, in raschelndes Seidenpapier verpackte Päckchen herausholen darf.

Wenn ich Glück habe, spielen wir „Schere, Stein, Papier" – darin bin ich nämlich echt ganz gut. Wenn ich Pech habe, spielen wir „Wer zuerst lacht". Dabei gewinne ich fast nie. Es ist meistens für jeden von uns ein Bonbon im Kalender oder ein kleines Stück Schokolade. Manchmal gibt es auch eine kleine Überraschung, ein Kartenspiel oder für jeden einen neuen, spannenden Stift. Am Anfang gibt's aber eigentlich immer was Süßes und das dürfen wir an den Tagen bis Weihnachten auch ausnahmsweise gleich morgens aufessen. Es ist sehr schlau, alles sofort aufzuessen. Mein großer Bruder hat nämlich schon ein paar Mal ein Süßigkeitenversteck eingerichtet. Weil er angeblich so gern sammele, behauptete er. Ich glaube allerdings, er wollte uns bloß ärgern und uns grinsend seine Süßigkeiten vor die Nase halten, wenn wir selbst keine mehr haben. Er hörte aber ziemlich schnell wieder auf mit der Versteckerei. Unser kleinster Bruder hat nämlich alle Bonbons jedes Mal gefunden und alles ganz schnell aufgegessen.

Im Dezember sind ja immer ganz viele Feste und Feiern und Polly und ich haben jede Menge Gelegenheit zu kochen und zu backen. Backen macht im Dezember besonders viel Spaß, finden wir. Dieses Jahr haben wir beschlossen, alle Kekse für alle Weihnachtsfeiern in der Schule, beim Sport, beim Klavier und beim Reiten selbst zu backen und alle unsere Freunde mit einem selbstgemachten Geschenk zu überraschen. Wir haben für alle Lebkuchenleute gebacken und uns ganz besonders viel Mühe gegeben, damit die Lolli-Leute wirklich so aussehen, wie unsere Freunde. Was haben wir dabei gelacht, wenn eine in Form gedrückte Rosine zufällig genau die Form des lachenden Mundes von Pollys Freundin Maja hatte. Und ein paar halbierte Walnüsse wirklich genau so aussehen, wie die Locken meines großen Bruders.

Ich hatte das Gefühl, es roch den ganzen Dezember hindurch nach Keksteig in unserer Küche und natürlich haben Polly und ich so viel Teig genascht und so viele Kekse gegessen, dass wir an Weihnachten beinahe keine Lust mehr darauf hatten. Aber zum Glück nur beinahe. Die ganze Zeit über lief Weihnachtsmusik und Mama lief mit ihrer Schürze ebenfalls viel in der Küche herum und backte auch. Sie war dieses Jahr zum Glück viel weniger angestrengt als sonst, weil Polly und ich ja so viel machten. Wir backten auch alle Geschenke für den Postboten, die Lehrer und die Nachbarn. Abends durften wir es uns ein paar Mal so richtig gemütlich machen. Mein großer Bruder machte

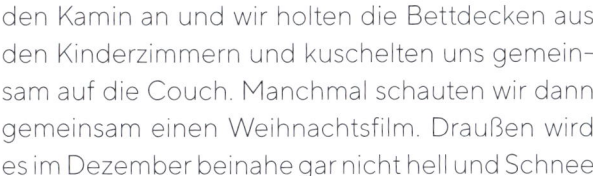

den Kamin an und wir holten die Bettdecken aus den Kinderzimmern und kuschelten uns gemeinsam auf die Couch. Manchmal schauten wir dann gemeinsam einen Weihnachtsfilm. Draußen wird es im Dezember beinahe gar nicht hell und Schnee gibt's auch keinen. Stattdessen stürmt es und ab und zu fliegt sogar ein Gartenstuhl über die Terrasse, weil Mama und Papa mal wieder vergessen haben, die in die Scheune zu räumen. Unheimlich ist das. Aber auch gemütlich. Ich finde Fernsehen macht im Dezember am allermeisten Spaß.

Weil abends wegen all der Feiern öfter mal keine Zeit zum Kochen ist, haben wir Fladenbrotpizza gemacht. Die mag ich fast noch lieber als echte Pizza. Als Couch-Snack erfanden Polly und ich total leckere Apfel-Nachos. Nachos essen Mama und Papa manchmal heimlich auf dem Sofa. (Wir Kinder finden am nächsten Morgen dann Krümel.) Das sind mexikanische Chips, die sie mit Käse bestreuen, der im Backofen schmilzt und dazu essen sie eine Paste aus zermatschten Avocados. Unsere Nachos sind aus Apfelspalten, wir bestreuen sie mit Schokolade und mit Nüssen und dippen sie in Karamellsoße. Köstlich, sage ich euch.

Ansonsten essen wir nachmittags oft zusammen Kekse, trinken mit Mama einen Kakao, der ihr nur im Dezember schmeckt und lesen unsere Weihnachtsbücher. Die holen wir jedes Jahr feierlich Anfang Dezember vom Dachboden und bringen sie spätestens im Februar wieder hoch. Das macht die Bücher noch besser. Es fühlt sich jedes Mal an, als wären wir in einem kleinen Buchladen gelandet und dürften heimlich darin schmökern.

Weihnachten selbst waren Polly und ich so kaputt von der ganzen Backerei und so aufgeregt wegen Heiligabend, dass wir eine kleine Kochpause eingelegt haben. Weihnachten wollte Polly natürlich auch sowieso bei ihrer Familie verbringen. Daher passte es. Außerdem kochen Mama und Papa bei uns immer zusammen das Weihnachtsessen. Und das machen sie so gut, das darf gern so bleiben. Sie

treffen sich immer am Abend vor Heiligabend mit einem Glas Wein in der Küche, hören laute Musik, kichern ständig und sind überhaupt ziemlich albern. Und Papa guckt ab und zu komische Filme im Internet darüber, wie man eine Gans zunäht, oder so.

Dann gibt es glaube ich keine Stunden im Jahr, die so langsam vergehen, wie die Stunden kurz vor Heiligabend. Morgens schmücken wir noch alle zusammen den Weihnachtsbaum bei lauter Weihnachtsmusik. Das ist wirklich lustig, weil Mama alle unsere Bastelsachen gesammelt hat, die wir jemals zu Weihnachten gemacht haben. Die Sachen hängen wir zwischen die Kugeln und Strohsterne und die kleinen Wichtel aus Schweden. Der Tannenbaum sieht dann aus wie ein kleines Familienmuseum. Obwohl ich wirklich nicht glauben kann, dass ich den schiefen und krummen Wichtel mit der roten Knollennase aus Salzteig geformt haben soll.

Letztes Jahr haben wir Kinder an einem Weihnachtstag alle zusammen mit Mama auf Luftmatratzen unterm Weihnachtsbaum übernachtet. Das war nur ein bisschen pieksig. Wir nehmen nämlich gern eine Fichte als Weihnachtsbaum, weil die so gut duftet. Die verliert aber ihre Nadeln schnell. Wir haben uns aber die halbe Nacht Weihnachtsgeschichten erzählt und Witze und es war so gemütlich, dass ich Mama überreden will, das ab jetzt jede Weihnachten zu machen.

Mein bestes Weihnachtsgeschenk war dieses Jahr übrigens ein rotkariertes Buch mit ganz vielen linierten Seiten für Pollys und meine Rezepte. Als ich Polly an Heiligabend ein Foto davon schickte, antwortete sie mit drei lachenden Smileys. Und schickte dann ein Foto von ihrem besten Geschenk: Genau dasselbe rotweiße Buch! Das wirklich allerbeste Geschenk habe ich aber von meinem großen Bruder bekommen. Als es am zweiten Weihnachtstag bei Tante Gisela Rouladen und rote Beete gab, flüsterte er leise: „Ich bin dafür, dass Polly und du hier nächstes Jahr kochen." Ich sage euch, ich war so stolz, ich bin ganz sicher beetenrot geworden.

Die Schweden wünschen sich übrigens mit „God Jul!" frohe Weihnachten. Die Niederländer mit „Vrolijk kerstfeest. In Italien sagt man „Buon Natale" und in Finnland: „Hyvää joulua!" Und ich sage: „Sehorf Tsef", das ist Pollys und meine Weihnachtsgeheimsprache. Aber du verstehst es auch, oder?

Rezept

Lebkuchenleute

Am meisten Spaß macht das Verzieren: Zwei Nüsse für die Augen, eine Rosine für den Mund und ein paar Haare aus Schokolade. Oder doch lieber Zuckerperlen-Zöpfe? Und richtig lecker weihnachtlich schmecken diese Lebkuchen-Lollis auch.

Für den Lebkuchen-Teig brauchst du:
- 3 Esslöffel Honig
- 350 Gramm Weizenmehl (405)
- 1 Teelöffel Zimt
- ½ Teelöffel Natron
- 100 Gramm Butter
- 175 Gramm braunen Zucker
- 1 Ei

Zutaten zum Verzieren:
- fertigen Zuckerguss
- bunte Zuckerperlen
- gehackte Nüsse

Und so geht's: Erwärme den Honig langsam in einem Topf. Gib Mehl, Zimt und Natron in eine Schüssel. Vermische es mit den Knethaken des Handrührers. Gib die Butter in kleinen Stückchen dazu und rühre den Zucker unter. Gib Ei und flüssigen Honig dazu und verknete alles zu einem festen Teig. Wenn der Teig zu klebrig ist, gibst du noch etwas Mehl dazu. Heize den Backofen auf 180 Grad Ober- und Unterhitze vor.
Rolle den Teig auf einer leicht bemehlten Fläche etwa einen halben Zentimeter dick aus und steche mit einem Glas Kreise aus. Lege die Kreise auf ein Backblech und schiebe vorsichtig von unten jeweils ein Eisstäbchen aus Holz hinein. Drücke den Teig am Holzstäbchen fest. Backe die Lutscher auf der mittleren Schiene 8 bis 10 Minuten. Lasse sie auskühlen. Verziere sie mit Zuckerguss, Zuckerperlen und Nüssen.

Spiel

KÖNIGSKUCHEN

In vielen Gegenden in Deutschland backt man zum Dreikönigstag am 6. Januar einen Königskuchen. Eigentlich ist das eine Hefeteig. Wir machen aber oft einfach einen Gugelhupf (nach dem Geburtstagskuchenrezept auf Seite 96). Ganz wichtig ist es, eine ganze Mandel in den Teig zu werfen. Wer die später findet, darf einen Tag lang König sein und bestimmen: was es abends zu essen gibt, was nachmittags gespielt wird und welches Buch vorgelesen wird. Wer mag, bastelt für den König noch eine Krone aus Goldpapier.

GEHEIMES WISSEN ZIMT

Zimt ist die getrocknete Rinde des Ceylon-Zimtbaumes und eines der ältesten Gewürze der Welt. Er soll sogar mal einen Krieg ausgelöst haben, als sich 1505 die Niederländer und Portugiesen um die Gebiete in Ostindien stritten, in denen unter anderem Zimt sehr erfolgreich angebaut wurde. In Europa galt Zimt im 16. bis 18. Jahrhundert als eines der kostbarsten Gewürze überhaupt – wahrscheinlich, weil es so aufwendig war, ihn auf Schiffen herzuschaffen. Und natürlich, weil er alles so lecker macht. Der Augsburger Anton Fugger, einer der reichsten Menschen zu jener Zeit, soll zum Beispiel die Schuldscheine des Kaisers in einem Feuer aus Zimtstangen verbrannt haben, um seinen Reichtum zu symbolisieren. Zimt war früher also fast sowas wie Gold, verrückt oder?

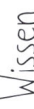

Wissen

Rezept

Fladenbrotpizza

Ein knuspriger Fladenbrotboden und obendrauf geröstete, zuckersüße Tomaten und herrlich geschmolzener Käse. Fladenbrotpizza ist eins meiner liebsten Rezepte. Und geht so schön fix, dass man schnell Zeit für andere Dinge hat. Den Fernseher für unseren Kinoabend anstellen, zum Beispiel.

Für 4 Kinder brauchst du:
- 1 Fladenbrot
- 200 Gramm passierte Tomaten
- 200 Gramm Tomaten
- 2 Esslöffel Oregano
- 100 Gramm geriebenen Käse
- 1 Kugel Mozzarella
- Salz
- Pfeffer
- 6 Esslöffel Sonnenblumenöl

Und so geht's: Heize den Backofen auf 200 Grad Ober- und Unterhitze vor. Schneide das Fladenbrot einmal der Länge nach durch. Lege die Hälften mit der Schnittfläche nach oben auf zwei Backbleche. Tröpfle jeweils drei Esslöffel Öl über jede Seite. Streiche beide Seiten mit den passierten Tomaten ein, würze jeweils mit einem Esslöffel Oregano, zwei Prisen Salz und Pfeffer. Wasche die Tomaten und schneide sie in Scheiben. Drücke den Mozzarella aus und schneide ihn ebenfalls in Scheiben. Verteile Tomaten- und Mozzarellascheiben auf den Fladenbrothälften. Würze den Belag mit etwas Salz, Pfeffer und dem restlichen Oregano und streue den geriebenen Käse darüber. Backe deine Fladenbrotpizzen für etwa acht Minuten, bis das Brot schön knusprig ist und der Käse köstlich zerlaufen.

Apfel-Karamell-Nachos

Wer die kandierten Äpfel vom Weihnachtsmarkt mag, wird diesen Snack lieben. Ein idealer Gemütlich-auf-der-Couch-während-es-draußen-stürmt-Snack.

Zum Naschen für 6 Kinder brauchst du:
- 8 Äpfel
- 2 bis 3 Esslöffel Zitronensaft
- etwa 15 weiche Karamellbonbons
- ½ Tafel Vollmilchschokolade
- 3 Esslöffel gehackte Nüsse oder Mandeln

Und so geht's: Wasche die Äpfel, entferne die Kerngehäuse und schneide die Äpfel in Scheiben. Breite sie auf einem großen Teller oder Platte aus und besprenkle sie mit ein wenig Zitronensaft, damit sie nicht braun werden.
Wickele die Karamellbonbons aus und gib sie mit einem Teelöffel Wasser in einen kleinen Topf. Erwärme sie bei schwacher Hitze langsam und rühre die Masse dabei regelmäßig um, damit nichts anbrennt.
Zerhacke die Schokolade mit einem großen, scharfen Messer vorsichtig auf einem Brett oder raspele sie auf einer Reibe. Pass auf deine Finger auf!
Besprenkle deine Äpfel mit dem flüssigen Karamell und bestreue sie mit Schokolade und Nüssen. Lasst es euch schmecken.

Tipp: Statt Raspelschokolade und Nüssen könnt ihr auch klein gehackte Butter- oder Oreo-Kekse, gehackte Kokosnuss oder gehackte Salzbrezeln über eure Nachos geben. Vielleicht würzt ihr zusätzlich mit einer Prise Zimt.

Rezept

Apfel-Karamell-Nachos

Erdnüsse

Wissen

GEHEIMES WISSEN NÜSSE

Die härteste Nuss der Welt ist die Macadamianuss. Um die zu knacken, müssen 150 Kilo Kraft auf ihre Schale einwirken. Die Menschen im Regenwald, wo diese Nüsse wachsen, nutzen Steine dafür – und haben spezielle Nussknacker entwickelt. Jetzt weißt du, warum es bei uns im Supermarkt nur geschälte Macadamianüsse gibt – und warum Macadamianüsse ziemlich teuer sind, oder?

Cashewkerne und Paranüsse sind streng genommen gar keine Nüsse, sondern gelten unter Botanikern, also Pflanzenexperten, als große Samenkörner. Pekanüsse und Mandeln zählen dagegen zu den Steinfrüchten (wie Pflaumen, Pfirsiche oder Kirschen). Echte Nüsse sind dafür außer Haselnüssen, Macadamias und Walnüssen auch Bucheckern, Eicheln und Edelkastanien.

Verrückterweise darf man Cashewkerne auf keinen Fall einfach vom Baum naschen. Ihre Schale ist nämlich giftig. Damit schützen sich die Cashews davor, von Tieren aufgefressen zu werden. Wir Menschen schälen die Cashews und rösten sie – dann sind sie lecker.

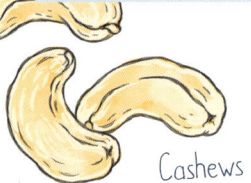

Cashews

Walnuss

Macadamias

Porridge vom Blech

Rezept

Ich frühstücke an gemütlichen Winterwochenenden gern Porridge. Weil der mir im Topf schon ein paar Mal angebrannt ist, mache ich ihn jetzt auf dem Blech. Das schmeckt super, reicht für meine ganze Familie – und macht alle glücklich.

Für 3 Personen brauchst du:
- 200 Gramm feine Haferflocken
- 1 Esslöffel Chiasamen
- 2 Äpfel
- 100 Gramm Nüsse
- 1 Teelöffel Zimt
- Salz
- 300 Milliliter Milch
- 3 Esslöffel Ahornsirup

Zum Servieren, wenn du magst:
- Joghurt
- Mandelblättchen
- frische Früchte
- eventuell Ahornsirup

Und so geht's: Heize den Backofen auf 160 Grad Ober- und Unterhitze vor. Lege ein Backblech mit Backpapier aus. Wasche die Äpfel, schäle sie, entferne das Kerngehäuse und schneide sie in kleine Stücke. Hacke die Nüsse vorsichtig auf einem großen Brett mit einem scharfen Messer. Verrühre in einer Schüssel Haferflocken, Chiasamen, Apfelstücke, Zimt, Nüsse und eine Prise Salz. Gieße die Milch, den Ahornsirup und ganz vorsichtig 350 Milliliter kochendes Wasser dazu. Rühre die Masse um und verteile sie auf dem Backblech. Backe deinen Porridge für etwa 30 Minuten, bis er oben goldbraun ist und duftet. Rühre ihn einmal vorsichtig um und backe ihn für weitere fünf Minuten. Genieße deine Portion Porridge mit ein bisschen Joghurt, Mandelblättchen und frischen Früchten, ganz wie du magst. Falls er dir nicht süß genug ist, gieße noch ein wenig Ahornsirup drüber.

WÄSCHEKLAMMER-SPIEL

Dieses Spiel spielen wir gern an nebligen Dezembernachmittagen im Garten – oder – falls Mama es erlaubt, wenn es schon dunkel ist in unserem Haus. Das ist wild, aber lustig. Du brauchst mindestens drei Mitspieler und ihr braucht jeder fünf Wäscheklammern. Ihr steckt die Klammern an eurer Kleidung fest und rennt für eine Minute los. Jetzt müsst ihr versuchen euch gegenseitig die Klammern zu mopsen. Wer nach Ende der Spielzeit am meisten Klammern hat, hat gewonnen. Aber Achtung, es zählen nur die Klammern, die an der Kleidung feststecken, nicht die in der Hand.

UNSERE LIEBLINGSFILME FÜR DEN DEZEMBER:

- Der Polarexpress
- Mein Freund Knerten
- Lotta aus der Krachmacherstraße
- Tomte Tummetott
- Matti und Sami und die drei größten Fehler des Universums
- Ronja Räubertochter
- Arthur und die Minimoys
- Hände weg von Mississippi
- Ratatouille

SCHIFFCHEN-ORAKEL

Bis vor ein paar Jahren haben wir an Silvester immer Bleigießen gemacht, um zu schauen, was das neue Jahr so mit sich bringt. Jetzt ist das verboten worden. Man darf jetzt Wachsgießen machen. Dieses Jahr hatte Polly aber noch eine andere Idee – und die hat richtig Spaß gemacht. Nämlich ein Schiffchen-Orakel, das die Zukunft voraus schippert.

DU BRAUCHST:

- **eine oder mehrere Walnussschalenhälften**
- **ein wenig flüssiges Kerzenwachs**
- Zahnstocher
- Papierreste
- 1 große Schale
- Klebeband
- 1 Stift

UND SO GEHT'S: Als erstes tropfst du ein wenig Wachs in die Walnussschalenhälften. Mit dem Zahnstocher piekst du in ein Stück Papier – das ist das Segel. Stecke das Segel am Mast in das Wachs. Jetzt schneidest du lauter Papierstreifen und schreibst Dinge drauf, die im neuen Jahr passieren könnten: ein neues Fahrrad, eine schöne Reise, ein Abenteuer, oft ausschlafen oder so. Mein großer Bruder hat natürlich gleich sowas aufgeschrieben wie „in Hundekacke treten" oder „für alle immer den Tisch decken". Diese Schildchen klebst du mit Klebeband einmal rund um den Schalenrand und füllst die Schale mit Wasser. Jetzt darf jeder das Boot, oder eins von vielen, schwimmen lassen und kann schauen, wohin es schwimmt. Ratet mal, wohin meins gesegelt ist. Ha! Stimmt aber am besten vorher ab, ob pusten und Schüssel wackeln erlaubt sind.

MEINE SEITE

Hier ist Platz für dein Lieblingskeksrezept, eine Weihnachtsgeschichte oder
ein paar Schnipsel vom Geschenkpapier.

_____

_____

_____

_____

_____

_____

_____

_____

_____

_____

_____

_____

_____

_____

_____

_____

DAS KOCHCLUBFEST

Was für ein Spaß! Zum Schluss kochen wir etwas Leckeres,
laden ein paar Freunde ein, setzen uns an den großen Tisch, erzählen, lachen
futtern alles auf - und schmieden Kochpläne fürs nächste Jahr.

ESSEN GUT, ALLES GUT

An einem Ferienmorgen nach Silvester weckte uns Mama mit einer Überraschung. „Herzlichen Glückwunsch!", rief sie und zog mit einem Schwung die Gardine auf. Ich schaute Polly verwundert an – hatte sie vielleicht Geburtstag und ich hatte es vergessen? Aber Polly schüttelte verschlafen den Kopf und zuckte mit den Schultern. Mama lächelte über das ganze Gesicht: „Genau heute habt ihr beide euch durch ein ganzes Jahr gekocht und gebacken. Das habt ihr wirklich großartig gemacht. Und ihr habt so viel gelernt! Ihr könnt stolz auf euch sein." Ich grinste Polly an und sie mich. Verrückt, ein Jahr war das schon her. „Ich habe mir überlegt, dass ihr heute zur Feier des Tages ein kleines Kochclubfest schmeißen könnt, für alle eure Freunde. Was meint ihr? Habt ihr Lust?"

Na was denkst du? Natürlich hatten wir Lust. Polly und ich haben vor Freude beide so laut gekreischt, dass Mama sich lachend die Ohren zuhielt. Und dann sind wir ganz schnell aufgestanden und haben einen Einkaufszettel geschrieben. Wir wussten nämlich schon ganz genau, was es geben sollte. Das leckerste überhaupt! Schwedische Hackbällchen, die in Schweden Köttbullar (gesprochen „Chötbüllar") heißen. Bei uns kennen die meisten Leute die Hackbällchen vor allem aus dem Restaurant einer großen Möbelhauskette. Selbstgemacht schmecken sie aber viel besser.

Polly und ich fuhren mit dem Fahrrad zum Supermarkt und kauften alles ein, rollten die Fleischklößchen, schälten die Kartoffeln fürs Püree und machten noch einen Möhrensalat. Danach deckten wir unseren großen Esstisch im Wintergarten. Sogar Mamas blau-weiß gestreifte Tischdecke durften wir nehmen. Mit unseren blau-weißen Porzellantellern sah es beinahe wirklich ein wenig wie in Schweden aus. Das finde ich ja immer richtig aufregend, wenn man sich mit Essen irgendwo anders hin zaubern kann. In ein anderes Land, den letzten Urlaub oder in eine schöne Erinnerung. Dann ist kochen ein bisschen wie zaubern können.

Polly zauberte noch ein paar Vasen mit Tannenzweigen auf den Tisch, weil es Anfang Januar draußen nichts anderes gab. Und dann durften Polly und ich an Mamas Handy noch eine kleine Playlist zusammenstellen. Gute Musik macht so ein Essen ja immer richtig gemütlich.

Mein großer Bruder kam ständig an und meinte, wir sollten „Da kommt der Eiermann" einstellen oder sowas und dann lachte er so heftig, dass er sich vor lauter Lachen aufs Sofa setzen musste. Große Brüder können manchmal ganz schön albern sein, sage ich dir. Polly und ich wählten aber eher ruhige Lieder aus. Wir wollten ja schließlich gemütlich zusammen essen und uns dabei unterhalten und nicht herumgrölen (oder uns schlapp lachen).

Um 17 Uhr kamen die Gäste: Pollys Freundin Maja, mein Freund Fjonn und noch zwei Kinder aus unserer Klasse. Außerdem waren natürlich noch meine Brüder dabei. Und Pollys Mama und meine Eltern kamen später auch noch dazu. Es war also eine ganz schön große Runde und Pollys und meine Hände zitterten ordentlich, als wir mit einigen Gläsern auf einem Tablett herumliefen und jedem Gast eins reichten. Ich sage euch, das klirrte gefährlich. So einen Drink vor dem Essen nennt man Aperitif und unserer war ein Mix aus Orangensaft und Grenadine und sah fast so aus, wie der Drink, den Mama und Papa im Urlaub manchmal trinken. Ihrer heißt Aperol, daher haben Polly unseren Orangerol getauft. Ich sage euch, man fühlt sich wirklich unglaublich gut, wenn man das trinkt. Wir stießen auf unseren Kochclub an und auf uns. Maja und Fjonn meinten, dass sie im nächsten Jahr auch ganz unbedingt bei uns im Club mitmachen wollen. Waren das nicht lustige Aussichten?

Nach einer Weile war ich zum Glück auch nicht mehr aufgeregt, sondern einfach nur noch glücklich. Ich goss ganz vorsichtig das heiße Wasser von den Kartoffeln in die Spüle, während Polly ebenso vorsichtig die Fleischklößchen in der Pfanne Purzelbäume machen ließ. Ich schaute unauffällig zu Mama, die uns lächelnd beobachtete und dachte, dass auch sie in diesem Jahr ganz schön mutig geworden war. Weil sie Polly und mir so viel zugetraut und uns vertraut hatte.

Es schmeckte allen fabelhaft. Sogar meinem kleineren Bruder, der sonst so oft mäkelt. Und nicht mal mein großer Bruder machte einen blöden Witz, sondern schob sich glücklich einen Fleischkloß nach dem anderen in den Mund.

Als wir alle am Tisch saßen und aßen, manche schmatzten, als das Besteck auf den Tellern klapperte und ab und zu ein Glas an einen Teller klirrte, als alle miteinander redeten und lachten, da dachte ich, dass Kochen und Essen mich wirklich glücklich macht. Und dass du das jetzt auch unbedingt ausprobieren musst, falls du es noch nicht getan hast. Viel Spaß beim Zaubern!

POLLYS UND PELLES PLAYLIST:

Wichtig: Beim Essen sind meist nicht die absoluten Lieblingslieder die beste Wahl, sondern ruhige, melodische Lieder. Ihr wollt ja essen und nicht mitgrölen. Oder etwa doch?

- Norah Jones: Sunrise
- Elton John: Your song
- Grace Kelly: Feels like home
- SYML: Girl
- Nat King Cole: Love
- Matthew and the Atlas: White Bird
- James TW: When you love Someone
- Jack Johnson: Better together

Köttbullar

Ganz sicher eins unser allerliebsten Lieblingsessen überhaupt. Als Polly und ich alle Rezepte für dieses Buch gesammelt haben, war das hier das erste Rezept, was auf die Planungsliste kam. Es schmeckt nach Sommerferien, den Kindern von Bullerbü und einer Einladung zum Essen am kunterbunten Holztisch auf der Veranda von Pippi Langstrumpf. Und neben uns steht Pollys Pferd Snow, das sanft an unserem Nacken knabbert.

Für 4 Kinder brauchst du:

Für die Hackbällchen:
- **750 Gramm gemischtes Bio-Hackfleisch**
- **1 kleine Zwiebel**
- **1 Stängel Petersilie**
- **2 Esslöffel Semmelbrösel**
- 1 Teelöffel mittelscharfen Senf
- 1 Ei
- Salz
- ½ Teelöffel feinen schwarzen Pfeffer
- 3 Esslöffel Öl zum Anbraten

Für die Soße:
- 1 kleine Zwiebel
- 2 Esslöffel Mehl
- 1 Esslöffel Butter
- Öl zum Anbraten
- 200 Milliliter Sahne
- 250 Milliliter Rinderbrühe
- ½ Teelöffel Zucker
- 1 Teelöffel Zitronensaft
- 1 Prise Muskatnuss
- Salz
- 1 Löffelspitze hellen Pfeffer
- 1 Glas Preiselbeeren

Tipp: Probiere mal etwas abgeriebene Zitronenschale im Hack. Sehr lecker!

Für die Fleischbällchen: Schneide die Zwiebel in sehr feine Würfel. Mische in einer Schüssel Hackfleisch, Semmelbrösel, Zwiebeln, das Ei, Senf, Petersilie, einen Teelöffel Salz und Pfeffer und verknete alles gut mit den Händen.

Forme danach mit feuchten Händen kastaniengroße Hackbällchen und brate diese in heißem Öl an. (Vorsichtig, das spritzt!) Wende sie ab und zu, indem du vorsichtig die Pfanne hin und her bewegst oder die Klößchen mit dem Pfannenwender umdrehst.

Wenn die Klöße brutzelbraun sind, nimm sie mit dem Pfannenwender heraus und parke sie auf einem Teller. Gieße das heiße Fett auf keinen Fall in die Spüle, sondern lasse es abkühlen und löffele es dann vorsichtig in den Müll. Warum? Weil kaltes Fett den Abfluss verstopft und das irgendwann echt stinkt.

Für die Soße: Schneide die Zwiebel in kleine Würfel. Gib jetzt einen Esslöffel Butter und einen Esslöffel Öl in die Pfanne und brate darin die gewürfelte Zwiebel an, bis sie durchsichtig wird und es duftet. Streue mit einem Esslöffel das Mehl in die Pfanne und verrühre alles zügig mit einem Schneebesen.

Köttbullar

Wenn das Mehl goldgelb ist, rühre erst die Brühe und dann die Sahne hinein. Rühre kräftig mit dem Schneebesen, damit es keine Klümpchen gibt. Lass es kurz aufkochen, während du rührst (Herzlichen Glückwunsch, das war deine erste Mehlschwitze!).

Würze die Soße mit zwei Prisen Salz, einer Löffelspitze fein gemahlenem, hellem Pfeffer, frisch geriebenem Muskat, einem halben Teelöffel Zucker und einem Teelöffel Zitronensaft. Lass alles noch kurz köcheln.

Die Fleischbällchen vorsichtig in die Soße geben und mit Kartoffelbrei und Preiselbeeren servieren.

Für den Kartoffelbrei:

- **1 Kilo Kartoffeln**
- **Salz**
- **1 Esslöffel Butter**
- **etwas frisch geriebene Muskatnuss**
- **250 Milliliter Milch**

Kartoffeln schälen und in Wasser mit zwei Prisen Salz etwa 25 Minuten weich kochen. Wasser abgießen. Milch, Muskat, eine Prise Salz und Butter zu den Kartoffeln geben und mit dem Stampfer alles fein zerstampfen. Juchhu, das macht mit am meisten Spaß.

Köttbullar, Soße, Kartoffelbrei mit einem Klecks Preiselbeeren auf einem Teller anrichten und sofort servieren.

Möhrensalat

Einer meiner liebsten Salate. Am Anfang streiten Polly und ich uns immer ein bisschen, wer zuerst und am längsten raspeln darf. Und am Ende streiten wir uns dann, wer zu Ende raspeln muss. Möhren reiben ist nämlich echt Sport! Vielleicht sollte man es als Fitnessprogramm für die Arme im Schulsport aufnehmen... Frisch geraspelter Möhrensalat mit etwas Zitronensaft ist so saftig wie frisches Obst und genauso gesund.

Für 2 Leute brauchst du:

- **4 mittelgroße Möhren**
- **1 Apfel**
- **1 Zitrone**
- **1 Teelöffel Zucker**
- **Salz**
- **Sonnenblumenöl**

Zuerst schälst du die Möhren mit einem Sparschäler außen dünn ab, so ähnlich wie Spargel. Wenn die Möhren besonders schön gewachsen sind, reicht auch gutes Waschen und kräftiges Bürsten. Schneide die Möhrenspitze und die Stelle mit dem Grün oben ab. Den Apfel schälst du, schneidest ihn in Stückchen und entfernst das Kerngehäuse. Stelle die Rohkostreibe auf ein Brett und fange an Möhren und Apfelstücke zu raspeln. Lass dir Zeit, sonst bekommst du schnell Bleiarme, wirst müde und unvorsichtig. Die Reststücke darfst du naschen. Die Möhren- und Apfelraspel schüttest du immer mal wieder in die Schüssel, bis alles fertig geraspelt sind.

Schneide die Zitrone in zwei gleich große Hälften. Die eine Hälfte wird in Scheiben geschnitten, die andere Hälfte kannst du mit der Zitruspresse auspressen. Jetzt verteilst du zwei Esslöffel Zitronensaft, vier Esslöffel Öl, den Zucker und eine Prise Salz auf die Raspel.

Dann wird der Salat gut durchgemischt.

Rezept

Rezept

Spiel

DIE SCHALSCHLANGE – EIN LUSTIGES TISCHSPIEL

Nach dem Essen haben wir alle zusammen den Tisch ganz leergeräumt, ihn ein wenig von der Wand gerückt und das Tischschlangenspiel gespielt. Das ist ganz einfach – und so lustig, nicht nur für die Spieler, sondern auch für die, die zuschauen. Du brauchst dafür nur einen Schal, zwei Tücher – und mindestens zwei Mitspieler. Zwei Mitspielern werden mit den Tüchern die Augen verbunden. Der Schal wird auf oder unter den Tisch gelegt oder an die Beine gebunden. Jetzt müssen beide Spieler versuchen, die Schalschlange zu bekommen – sie müssen bei ihrer Suche bloß immer mit einer Hand den Tisch berühren. Sehr, sehr lustig anzuschauen.

Rezept

Orangerol

Ein köstlicher Drink, sieht ein bisschen aus, wie der, den Mama und Papa im Urlaub immer bestellen. Damit er noch hübscher aussieht, kannst du jedes Glas mit einem Stück einer Orangenschale garnieren.

Für acht kleine Gläser brauchst du:
- 1 Bio-Orange
- 250 Milliliter Orangensaft
- 250 Milliliter Ananassaft
- 50 Milliliter Limettensaft
- Crushed Ice
- 80 Milliliter Grenadine-Sirup
- 250 Milliliter Sprudelwasser

Wasche die Orange, schneide sie in Scheiben, halbiere sie und schneide jede Hälfte einmal bis zur Mitte ein. Vermische Limetten-, Orangen- und Ananassaft. Gib ein wenig Eis in jedes Glas und fülle die Gläser zur Hälfte mit dem Saftmix. Gieße in jedes Glas ein wenig Sprudelwasser. Zum Schluss gießt du ganz vorsichtig am Rand etwas Grenadinensirup in jedes Glas, sodass sich die Säfte nicht vermischen.

Stoßen wir zusammen an?
Auf dich, auf uns, auf unser gemeinsames Jahr, das Kochen und das Leben!

REGISTER

Bastelideen

Apfel-Girlande	110
Blumenbilder hämmern	69
Federmobile	84
Kochmütze nähen	97
Kräuterbuch	12
Lässige Fackeln für den Martinslauf	121
Miniwimpel-Girlande	24
Ostereier aus Pflanzpapier	47
Puste-Himmel-Herbstbild	108
Schiffchen-Orakel	131
Schneebeseneinladung für eine Koch- und Backparty	97
Schwammbomben	75

Experimente

Erbsengeist	33
Kann eine Kartoffel Seiltanz?	79
Puste-Hefe	100
Regenkonzert	63
Schneeflocken aus Salz selber machen	16

Nachgefragt

Butter oder Margarine - was ist besser?	68
Ist Sauerteig wirklich sauer?	66
Ist Tiefkühl-Gemüse eigentlich schlechter als frisches?	33
Warum heißt das Laugenbrötchen Laugenbrötchen?	109
Warum schmeckt jedes Brot süß, wenn du es lange genug kaust?	24
Warum sind Fertigprodukte eigentlich nicht gut?	26
Was bedeutet eigentlich „kochen"?	45
Was bedeutet eigentlich Teig gehen lassen?	100
Was passiert eigentlich mit den Pfannkuchen im Bauch?	21
Wie wird eigentlich eine Paprika zu Pulver?	121

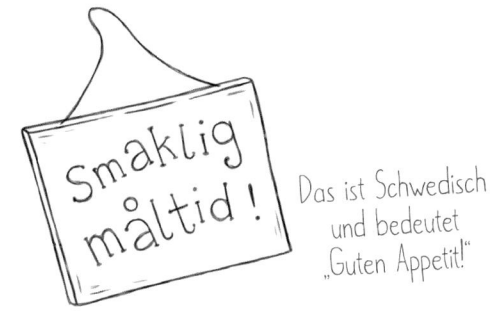

Das ist Schwedisch und bedeutet „Guten Appetit!"

Rezepte

Apfel-Karamell-Nachos	128
Apfelkuchen zum Löffeln	110
Birnen-Tarte	85
Blaubeersirup	91
Brokkoli-Käse-Auflauf	75
Buchen-Butterbrot	47
Bunte Pommes mit Mayo	86
Bunter Salat (mit Superdressing)	63
Chicken Nuggets	110
Colddog	66
Eis-Banane	88
Eisige Blaubeerbonbons	91
Erbsen-Schinken-Nudeln	32
Fladenbrotpizza	128
Frittaten-Suppe	90
Frische Fische-Pfanne	76
Fruchtspieße	90
Geburtstagskuchen	96
Gemüsestäbchen	55
Geschnetzeltes	120
Gurkensalat	76
Gurkensushi	26

Halloween Party Snacks	106
Apfelgebisse	106
Mandarinen Kürbisse	106
Knusprige Spinnen	106
Hühnerklößchensuppe	116
Kartoffelbrei	138
Kartoffelchips	79
Kinderleichte Quarkbrötchen	64
Kinderpunsch	34
Knusperstangen	117
Köttbullar	136
Laugen(trick)-Brötchen	109
Lebkuchenleute	127
Linden-Schokoladenblätter	108
Miniburger	98
Möhrensalat	138
Müslikugeln	89
Nudel-Ei-Nester	42
Oma Wilmas Hackbraten	36
Onkel Jos Kaiserschmarrn	34
Orangerol	139
Papas geheime Pfannkuchen	21
Pfannkuchen-Torte	52

Äpfel sind in Deutschland das
beliebteste Obst. Etwa
125 Äpfel isst jeder von uns
davon druchschnittlich im Jahr.
Und wie viele isst du?

Pizzagesichter	26
Porridge vom Blech	130
Quer-durch-den-Garten-Suppe	10
Radieschen mit Mütze	69
Ritter-Kartoffeln	78
Schnelles Erdbeereis	52
Schnittlauchbrot mit Butter	67
Schüttel-Eis	88
Selbstgemachte Kinderknusperriegel	118
Spaghettieismuffins	56
Spitzenmäßige Spinatnudeln	44
Strand-und-Schwimmbad-Brote	66
„Tella"-Pudding	13
Vegetarische Leberwurst	31
Zitronen-Basilikum-Limonade	25
Zitronenplätzchen	42

Wissen

Am 25. Januar ist Vogelhochzeit	12
Am 5. Juni ist Tag der Umwelt	63
Blaubeerarmband	91
Ein Erdbeerjahr	57
Fitmacher- und ein Schlappmacher-Teller	14

Gemüsereste einpflanzen	54
Hallo Frühling	37
Herbstanfang	101
Wie man ein Ei trennt	85
Wie sich die Deutschen in die Kartoffel verliebt haben	78
Zwiebel schneiden wie ein Profi	36

Geheimes Wissen

Apfel	110
Basilikum	25
Brot	64
Dill	76
Eier	46
Eis	88
Erdbeeren	52
Kartoffel	79
Kreuzkümmel	56
Lorbeerblätter	17
Melone	90
Minze	100
Muskatnuss	44

Nudeln	32
Nüsse	130
Paprikapulver	121
Petersilie	12
Pfeffer	33
Salz	106
Schnittlauch	67
Schokolade	118
Thymian	86
Tomaten	45
Zimt	127
Zitrone	24

Spiele

Die Schalschlange	139
Erbsenlauf	101
Giftiger Apfel	110
Handlesen	89
Königskuchen	127
Mitmachgeschichte Henni und Hedi	46
Nachts im Museum	117
Obst-auf-dem Kopf-Malwettbewerb	101
Sachensucher-Bingo	69
Schneebälle um die Wette pusten	17
Spaghettiziehen	101

Tiermemory	25
Versteinert!	37
Wagen-Wahrsagen	89
Wanzen-Wettlauf	47
Wäscheklammerspiel	131

Spiel

WÜRFELN IM WALDE

Wenn wir mit Mama und Papa in den Wald gehen, spielen wir gern „Würfel im Walde". Dafür braucht man nichts, außer einem Würfel. Der steckt bei uns immer im Rucksack, damit wir jederzeit losspielen können. Am Anfang setzen sich alle, die mitspielen wollen, in einen Kreis auf den Waldboden. Dann wird nacheinander gewürfelt. Wer eine Eins würfelt, sammelt schnell einen Stock (oder Blatt), bei Zwei zwei Stöcke, bei Drei drei und so weiter. Nur bei einer Sechs muss man aussetzen. Legt vorher fest, wie viele Runden ihr spielen wollt. Wer danach am meisten sammeln konnte, hat gewonnen. Manchmal legen wir auch unterschiedliche Sachen fest, die gesammelt werden müssen: bei 1 - ein Stein, bei 2 - zwei Grashalme, bei 3 - drei Tannenzapfen (falls es welche gibt) und so weiter. Diese Variante ist auch lustig.

Dank

Zuerst einmal herzlichen Dank an den kleinen Linus aus dem Buch „Linus lässt nichts anbrennen", meinem liebstem Kochbuch als Kind und große Inspiration für dieses. Linus, du hast meine Liebe füs Kochen geweckt - was für ein Geschenk. Tausend Dank an meine Illustratorin Greta, die mir gleich mit ihrer ersten Polly und Pelle Skizze feuchte Augen gemacht hat, weil die beiden einfach genau so aussahen, wie ich sie mir ausgedacht hatte. Danke Greta, dass du Tag und Nacht gearbeitet hast, als ich immer mehr und mehr Ideen fürs Buch hatte. Danke an meine allerbeste Grafikerin Claudia, die immer so herrlich ruhig bleibt und über Wochen liebevoll Blätter und Blüten und Pfeifenputzer (!) freigestellt und außerdem Gummistiefel in winziges Wiesengras gephotoshoppt hat. Danke, dass du diese verrückte Umsetzungsidee gleich genauso toll fandest wie ich. Danke an Thomas, der immer wieder alles nächtelang Korrektur liest und nicht müde wird, mir zum 354 Mal den Relativsatz zu erklären, damit ich es irgendwann vielleicht doch noch lerne. Danke an Ina, Dorle und Frauke, die auch noch spontan Korrektur gelesen haben. Danke an Kalinka und Moira für die nächtliche Nähnachhilfe. Danke an Dr. Alexa Iwan fürs Lesen des Textes über die Verdauung, Fertigprodukte, Hefe und die Butter-Margarine-Geschichte. Danke an die Ärztin Frederike Lux fürs Überarbeiten der Stinkewurstfabrik-Skizze und mehr. Danke an Kim Jule Gerst, die als Diplom-Ökotrophologin (FH) das ganze Buch geprüft hat. Danke an das Bergedorfer Angelzentrum fürs Prüfen der Angelgeschichte und Diedrich Untiedt vom Erdbeerhof Glantz für die Geschichte vom Erdbeerjahr. Danke an alle Probeköche (Andrea mit Henri und Anton, Tina mit Mathilda, Hanna und Greta, Kalinka mit Sverre, Lowi und Fjonn, Frederike mit Paula, Pamela mit Liam und Juna, Anja mit Piet und Jonne, Sabine mit Käthe, Martha und August, Magda mit Lotta, Katia mit Mats und Malin, Julia mit Leah Marta und Johan) und natürlich danke an alle Leser meines Blogs WASFÜRMICH - ohne euch wäre auch dieses Herzensprojekt nicht möglich gewesen. Und das allerdickste Danke an meinen Mann und meine Jungs Lasse, Luk, Tjelle und Bo - ihr seid meine größte Inspiration. Ich freue mich so sehr, dass wir so gern Geschichten erzählen und zusammen kochen und am allerliebsten zusammen essen.

Sollte diese Publikation Links auf Webseiten Dritter enthalten, so übernehmen wir für deren Inhalt keine Haftung, da wir uns diese nicht zu eigen machen, sondern lediglich auf deren Stand zum Zeitpunkt der Erstveröffentlichung verweisen.

Impressum

2. Auflage 2020
© André Schaumann, Wasfürmich
Altengammer Elbdeich 234, 21039 Hamburg, Deutschland
Alle Rechte vorbehalten, auch auszugsweise
www.wasfuermich.de   E-Mail:post@wasfuermich.de

Autorin: Claudia Schaumann
Illustrationen: Greta Brumme
Layout und Satz: Claudia Obertaxer
Fotos: Ilona Habben und Claudia Schaumann
Styling: Anne Beckwilm
Druck und Bindung: SDP Sachsendruck GmbH
Paul-Schneider-Straße 12, 08525 Plauen, Deutschland

ISBN 978-3-00-066900-2

Hergestellt in Deutschland

Hinweis:
Alle im Buch vorgestellten Rezepte, Spiele, Experimente und Tipps wurden sorgfältig von Claudia Schaumann und André Schaumann, Wasfürmich geprüft. Dennoch kann keine Garantie übernommen werden. Eine Haftung von Claudia Schaumann und André Schaumann, Wasfürmich für eventuelle Schäden ist ausgeschlossen.